江苏省自然科学基金项目"荷载-环境共同作用下地铁管片锈裂引起抗弯刚度退化的机理研究"（BK20211173）

盾构隧道临土侧锈裂成因、危害及治理

金浩 郑军 余朔 ◎ 著

东南大学出版社
SOUTHEAST UNIVERSITY PRESS
·南京·

内 容 提 要

本书内容基于江苏省自然科学基金项目"荷载-环境共同作用下地铁管片锈裂引起抗弯刚度退化的机理研究"(BK20211173)的研究成果和作者长期的研究积累。本书首次对典型的盾构隧道隐蔽型病害"盾构隧道临土侧锈裂"进行了系统阐释,并构建了考虑混凝土塑性耗散的 CDM-XFEM,研究了荷载-环境共同作用下盾构隧道临土侧的锈裂机理,分析了锈裂对管片及盾构隧道结构的力学性能影响,归纳了盾构隧道临土侧锈裂的治理技术。

本书适合土木工程与交通运输工程领域科研人员、工程技术人员参考,也可以作为高校隧道工程与铁道工程专业研究生教材。

图书在版编目(CIP)数据

盾构隧道临土侧锈裂成因、危害及治理 / 金浩,郑军,余朔著. — 南京:东南大学出版社,2023.8
ISBN 978-7-5766-0852-6

Ⅰ. ①盾⋯ Ⅱ. ①金⋯ ②郑⋯ ③余⋯ Ⅲ. ①隧道施工-盾构法-管片-设计 Ⅳ. ①U455.43

中国国家版本馆 CIP 数据核字(2023)第 161515 号

责任编辑:宋华莉　　责任校对:子雪莲　　封面设计:毕　真　　责任印制:周荣虎

盾构隧道临土侧锈裂成因、危害及治理

Dungou Suidao Lintuce Xiulie Chengyin、Weihai Ji Zhili

著　　者	金　浩　郑　军　余　朔
出版发行	东南大学出版社
社　　址	南京市四牌楼 2 号(邮编:210096　电话:025-83793330)
网　　址	http://www.seupress.com
出 版 人	白云飞
电子邮箱	press@seupress.com
经　　销	全国各地新华书店
印　　刷	广东虎彩云印刷有限公司
开　　本	787 mm×1092 mm　1/16
印　　张	13.5
字　　数	299 千字
版　　次	2023 年 8 月第 1 版
印　　次	2023 年 8 月第 1 次印刷
书　　号	ISBN 978-7-5766-0852-6
定　　价	68.00 元

本社图书若有印装质量问题,请直接与营销部联系,电话:025-83791830。

前 言 | PREFACE

随着我国盾构机制造技术水平的不断提高，盾构隧道已经成为城市轨道交通地下线区间隧道的主要形式。作为保障列车安全运行的关键性承载结构之一，城市轨道交通管理部门每年均需投入大量财力对盾构隧道病害进行整治。

按照盾构隧道病害检测难易程度进行划分，我们将盾构隧道病害分为暴露型病害和隐蔽型病害。暴露型病害可以通过肉眼观察或专业设备检测，主要有盾构隧道沉降超标、盾构隧道变形超限、管片内弧面裂缝、管片掉角掉块等。隐蔽型病害尚没有设备能够进行有效检测。隐蔽型病害多发生于盾构隧道临土侧，因其不易检测且影响因素复杂，危害潜伏期更长，危害程度更加难测。

本书是第一本围绕盾构隧道隐蔽型病害的著作，针对盾构隧道临土侧锈裂进行了系统阐释，构建了考虑混凝土塑性耗散的 CDM-XFEM，研究了荷载-环境共同作用下盾构隧道临土侧的锈裂机理，分析了锈裂对管片及盾构隧道结构的力学性能影响，归纳了盾构隧道临土侧锈裂的治理技术。

本书由东南大学金浩、南京地铁集团有限公司郑军、中国电建集团华东勘测设计研究院有限公司余朔合作完成。此外，金浩的硕士研究生孙博旭做了很多编校工作。

在完成本书的过程中，作者得到了诸多领导与朋友的鼓励与支持，如北京市政路桥科技发展有限公司郭宏提供了大量管片注浆加固的资料。另外，本书参考了国内外诸多同行的论文、著作，在此一并表示诚挚的谢意。

鉴于作者的水平及认识的局限性，书中难免存在不足之处，敬请读者批评指正。

作者
2023 年 5 月

目 录 | CONTENTS

第1章　绪论 ·· 001
  1.1　盾构隧道临土侧锈裂的影响因素 ······································ 002
  1.2　混凝土中钢筋锈层分布研究 ·· 004
  1.3　混凝土裂缝数值计算方法研究 ·· 006
  1.4　混凝土锈裂形态研究 ·· 009
  1.5　盾构隧道临土侧锈裂研究 ·· 012
  1.6　本书内容 ··· 013
  参考文献 ·· 014

第2章　盾构隧道临土侧钢筋的锈层分布 ······························· 024
  2.1　氯离子在管片中的传输规律 ·· 024
  2.2　管片临土侧钢筋的锈层分布 ·· 035
  参考文献 ·· 046

第3章　考虑混凝土塑性耗散的 CDM-XFEM ·························· 051
  3.1　CDM-XFEM 计算裂缝的原理 ··· 051
  3.2　CDM 和 XFEM 之间能量转化模式的改进 ························ 056
  3.3　改进能量转化模式的 CDM-XFEM 计算流程 ····················· 059
  3.4　通用混凝土开裂试验验证 ··· 060
  3.5　盾构隧道管片开裂试验验证 ·· 067
  参考文献 ·· 076

第4章　盾构隧道临土侧的锈裂形态 ······································ 077
  4.1　荷载对盾构隧道临土侧锈裂的影响 ··································· 077
  4.2　氯离子对盾构隧道临土侧锈裂的影响 ······························· 083
  4.3　杂散电流对盾构隧道临土侧锈裂的影响 ···························· 087
  4.4　影响因素与锈裂形态的关系 ·· 091

第 5 章　临土侧锈裂对管片抗弯刚度的影响 · 093
　　5.1　管片抗弯刚度退化试验分析 · 093
　　5.2　管片抗弯刚度退化计算分析 · 099

第 6 章　盾构隧道结构力学性能足尺试验 · 104
　　6.1　盾构隧道结构足尺试验系统 · 104
　　6.2　浅埋条件下盾构隧道结构力学性能足尺试验 · 111
　　6.3　中埋条件下盾构隧道结构力学性能足尺试验 · 132

第 7 章　临土侧锈裂对盾构隧道结构力学性能的影响 · 147
　　7.1　盾构隧道结构力学计算模型 · 147
　　7.2　盾构隧道结构力学计算模型的足尺试验验证 · 151
　　7.3　多因素作用下盾构隧道结构刚度退化率 · 153
　　7.4　临土侧锈裂对盾构隧道结构力学性能的影响分析 · 156
　　参考文献 · 168

第 8 章　盾构隧道临土侧锈裂的治理方法 · 169
　　8.1　管片注浆加固方法 · 169
　　8.2　管片注浆加固施工方法 · 170
　　8.3　盾构隧道结构加固方法 · 173
　　8.4　盾构隧道结构内钢圈加固施工方法 · 174
　　8.5　盾构隧道结构内钢圈加固足尺试验研究 · 177

附录　改进的 CDM-XFEM 主要程序代码 · 203

第 1 章
绪 论

截至 2022 年 12 月,我国城市轨道交通运营总里程已达 8939 km[1]。其中,相较于地面线及高架线,地下线里程占比更高。随着国产化盾构机制造技术水平的不断提高,盾构隧道也成为地下线区间隧道的主要形式。作为保障地铁列车安全运行的关键性承载结构,城市轨道交通管理部门每年均需投入大量财力对盾构隧道病害进行整治。

以盾构隧道病害检测的难易程度作为指标,我们将盾构隧道病害分为暴露型病害和隐蔽型病害[2]。暴露型病害:可以通过肉眼观察或专业设备检测的盾构隧道病害。该类型病害主要有盾构隧道沉降超标、盾构隧道变形超限、管片内弧面裂缝(如图 1.1 所示)、管片掉角掉块(如图 1.2 所示)等。隐蔽型病害:尚没有设备能够有效检测的盾构隧道病害。该类型病害多发生于盾构隧道临土侧,因其不易检测且影响因素复杂,危害潜伏期更长,危害程度更加难测。目前,隐蔽型病害主要有盾构隧道临土侧裂缝。

图 1.1 管片内弧面裂缝

图 1.2 管片掉角(已修补)

为了更好地说明盾构隧道临土侧裂缝问题,我们对某城市地铁盾构隧道进行了 1∶1 承载性能试验,如图 1.3 所示。当水平收敛变形达 60 mm 时,拱腰处管片外弧面产生微裂缝;当水平收敛变形越来越大,拱腰处管片外弧面裂缝越发明显(如图 1.4 所示)。

图 1.3　盾构隧道 1∶1 承载性能试验　　　　图 1.4　管片外弧面裂缝

因此,荷载作用下盾构隧道临土侧将产生不同程度的裂缝,从而成为土壤中水、氧气、氯离子等的通道。在杂散电流作用下,氯离子便可在较低浓度下破坏钢筋表面钝化膜,加速钢筋锈蚀。钢筋锈蚀将进一步导致盾构隧道临土侧开裂,从而降低盾构隧道承载能力,减少盾构隧道使用寿命[3-5]。

1.1　盾构隧道临土侧锈裂的影响因素

1.1.1　外部荷载作用

正常情况下,盾构隧道结构变形将保持在允许范围内,盾构隧道临土侧不会产生裂缝。但是,当盾构隧道所受外部荷载发生改变,盾构隧道结构变形将会增大,盾构隧道临土侧就可能产生裂缝。盾构隧道所受外部荷载发生改变的典型情况:(1)盾构隧道沿线堆土;(2)盾构隧道沿线基坑开挖;(3)盾构隧道下卧层砂土液化等。

1.1.2　氯离子等侵蚀作用

由于氯离子等腐蚀介质在混凝土裂缝中的传输速率是非裂缝区的 4 倍,因此,地层中可能存在的水、氧气、氯离子等极易通过盾构隧道临土侧裂缝导致钢筋表面钝化膜发生破坏,从而引起钢筋锈蚀,如图 1.5 氯离子等侵蚀管片内部钢筋的示意所示[2,4-5]。钢筋锈蚀使得管片外弧面进一步开裂,从而导致管片抗弯刚度进一步降低,盾构隧道结构变形进一步增大,管片外弧面继续扩大、加深,氯离子等腐蚀介质的传输速率更快,钢筋锈裂程度进一步扩大,形成恶性循环。Yu 等[2]建立了含横向裂缝的隧道管片在杂散电流和氯离子作用下的钢筋腐蚀计算模型,实现了裂缝混凝土中电场和化学场的耦合。研究了氯离子含量和输入电压对裂缝段锈层分布的影响。

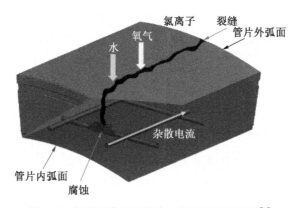

图 1.5 氯离子等侵蚀管片内部钢筋的示意图[2]

1.1.3 杂散电流作用

杂散电流是指由于回流系统中绝缘性能下降(受污染、潮湿、渗漏水等影响,扣件橡胶垫板及尼龙套管的绝缘性能降低)而泄漏至钢筋混凝土结构的部分牵引电流,如图 1.6 所示。杂散电流对混凝土中钢筋的腐蚀本质上是电化学腐蚀,其原理与钢铁在土壤电解质中发生的自然腐蚀相同,都是具有阳极过程和阴极过程的氧化还原反应。此外,杂散电流还能加快氯离子的迁移速率,降低钢筋的脱钝临界值,加速管片内部钢筋的锈蚀。

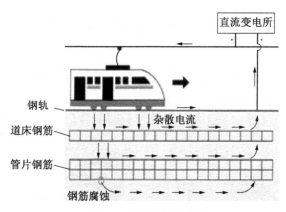

图 1.6 杂散电流示意图

目前,不少城市地铁都有检测出较大杂散电流的报道。以北京地铁和深圳地铁为例,北京地铁(750 V 直流电压供电)某区间现场实测杂散电流的最大值超过了 100 A,深圳地铁(1500 V 直流电压供电)某区间现场实测杂散电流的最大值达到了 150 A。Yu 等[6]研究直流杂散电流作用下螺栓腐蚀对盾构隧道力学性能的影响机理。结合数值分析和实验分析方法,基于电化学和结构力学理论,实现了电场、化学场和机械场的耦合计算,并给出了含腐蚀锚杆的盾构隧道的变形和内力。

1.2 混凝土中钢筋锈层分布研究

钢筋发生锈蚀的前提条件是表面的钝化膜脱落[7,8],已知外部电流及氯离子均能破坏钢筋表面的钝化膜[9]。在外部电流作用下,钢筋环向的腐蚀电流密度相等,因此电流引起的锈层通常呈均匀分布[10]。氯离子扩散到钢筋表面的含量不同,钢筋表面不同范围发生脱钝的时机也有差异,因此氯离子引起的锈层通常呈椭圆[11-13]、半椭圆[14-17]、桃形[18]等非均匀锈蚀形态,如图1.7所示。

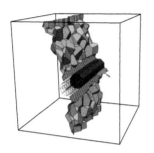
(a) 均匀锈蚀示意图[11]

(b) 不均匀锈蚀示意图[11]

图1.7 钢筋均匀及不均匀锈蚀示意图

如果钢筋混凝土结构同时受外部电流及氯离子腐蚀作用,锈层形态也会发生明显变化,其原因是外部电流不仅会降低氯离子诱发钢筋钝化膜破坏的临界含量,还会改变氯离子扩散的速度及方向[19]。研究还表明,外部电流的增大会大幅降低混凝土中结合氯离子的含量[20]。Xia等[21]通过计算模拟了电势的分布及电场作用下氯离子在钢筋周围的分布,如图1.8和图1.9所示,可知电势低的区域氯离子含量较高。

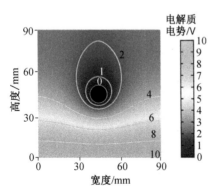

图1.8 钢筋周边电势分布云图[21]

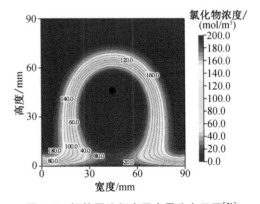

图1.9 钢筋周边氯离子含量分布云图[21]

针对钢筋混凝土结构受上述两种因素影响下的锈蚀规律,大部分学者基于(电流+氯离子)加速锈蚀试验及X射线或中子成像的方式探究了钢筋表面的锈层分布形态[22-27]。

Robuschi 等[22]采用中子成像技术分析了钢筋的纵向锈层及不同截面处的环向锈层厚度,如图1.10所示,并对钢筋锈蚀产物的成分进行了分析。Hong 等[23]利用 X 射线成像技术分析了不同电流下锈层的厚度及分布区域的差异规律。Fang 等[24]采用 X 射线成像技术分析了 Fe_3O_4 及 Fe_2O_3 等不同锈蚀产物在不同锈蚀阶段的占比变化情况。

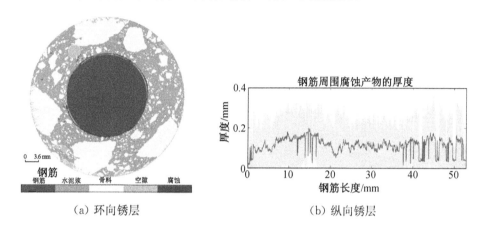

(a) 环向锈层　　　　　　(b) 纵向锈层

图 1.10　基于中子成像技术的混凝土中钢筋锈层分析[22]

除此之外,影响混凝土中钢筋锈层分布的因素还包括钢筋混凝土结构承受的外部荷载。混凝土表面出现的荷载裂缝为氧气及氯离子的传输提供了快捷通道,混凝土中钢筋发生锈蚀的速率及区域均与不含荷载裂缝的结构有较大差异。一部分学者通过试验手段分析了含单条表面裂缝构件的锈层情况[28-31]。Du 等[28]选取含单条纵向裂缝的钢筋混凝土构件,采用氯盐和通电加速锈蚀的方法分析了不同纵向裂缝宽度下锈层的变化规律。Zhang 等[29]通过在混凝土表面预制横向裂缝,同样采用氯盐和通电加速锈蚀的方法分析了裂缝区域钢筋位于顶部和底部的锈层分布区域,如图1.11所示。

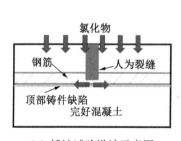
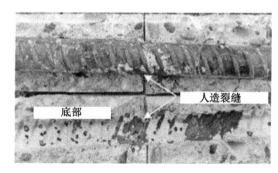

(a) 锈蚀试验设计示意图　　　　　(b) 锈蚀区域照片

图 1.11　含横向预制裂缝的锈蚀试验设计及锈蚀结果图[29]

为了能够准确计算含荷载裂缝的钢筋混凝土锈层分布形态,一些学者建立了不同锈蚀计算模型[32-36]。Ožbolt 等[32]通过建立热-化耦合计算模型,模型尺寸如图1.12(a)所示,分析了含水率对含横向裂缝结构腐蚀电位的影响,如图1.12(b)所示。Xu等[33]将横向裂缝区域假定为阳极区,钢筋其余部位为阴极区,在此基础上建立了含单条横向裂缝的锈蚀计算模型,分析了钢筋直径及横向裂缝宽度对纵向锈层分布的影响规律,如图1.12所示。Yu等[34]考虑了横向裂缝角度对氯离子传输的影响,通过建立扩散-锈蚀耦合计算模型分析了钢筋沿环向的锈层形态,指出锈层符合二维高斯函数分布的特征,如图1.12(d)所示。

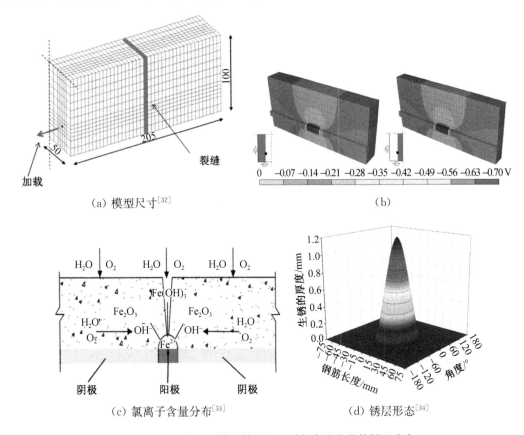

图1.12 含偏角裂缝钢筋混凝土受氯离子作用的锈层分布

1.3 混凝土裂缝数值计算方法研究

混凝土开裂大致分为以下三个过程[37-39]:(1)当材料拉伸应力接近抗拉强度时,在断裂过程区会形成密集分布的微裂纹,荷载-变形的关系不再具有线性斜率,但材料的宏观响应仍然保持稳定;(2)由于荷载增大引起微裂纹的合并和交叉,以及材料基体中骨料的脱粘,材料的宏观响应变得不稳定,荷载-变形的关系位于软化段中,局部范围出现较大变形,在应变场中形成了弱不连续性;(3)随着荷载继续增大,断裂过程区黏聚力逐渐减小至零,最终形成一个无黏聚应力裂纹的强不连续区域。混凝土开裂过程可以表示为4个阶段,如图1.13所示。

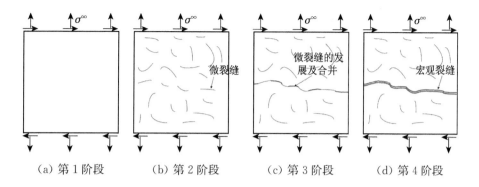

图 1.13 混凝土开裂过程示意图[37-39]

为模拟混凝土开裂的上述过程,出现了较多的数值计算方法。目前,主流方法有三大类:连续损伤力学方法(CDM)[40-46]、扩展有限单元法(XFEM)[47-52]及两者相结合的方法(CDM-XFEM)[53-58]。CDM 方法是假定等效应力达到抗力准则时,开始发生初始断裂,即在损伤单元中,应力-应变关系会被有效应力-应变关系所取代。因此,CDM 方法只更新裂纹扩展过程中材料的本构关系,其单元网格保持不变。XFEM 方法是引入阶跃函数和裂尖函数,采用形函数来表示裂缝面的间断性,同时在更新过程中不会重划网格。相比而言,CDM 和 XFEM 这两种方法各有利弊,CDM 方法能够很好地描述裂缝扩展的第一个阶段,但该方法不能描述离散的开裂面,同时存在网格诱导偏差及虚假应力传递等弊端,如图 1.14 所示[59-61]。XFEM 方法虽然能够很好地描述宏观裂纹的扩展,但不能较好地描述第一阶段中密集分布的微裂缝,计算出的裂缝分布与实际差异较大,如图 1.15 所示[62]。因此,部分学者提出将 CDM 及 XFEM 相结合的方法,该方法基于能量等效原理,建立 CDM 与 XFEM 黏聚裂缝的能量转化关系,当损伤达到临界值时实现转换,开裂计算效果如图 1.16 所示[63]。

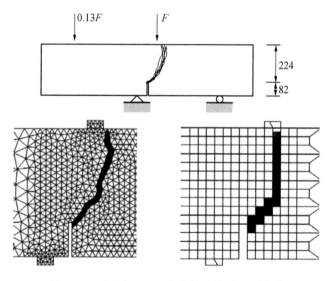

图 1.14 试验与 CDM 方法的裂缝对比图[59-61]

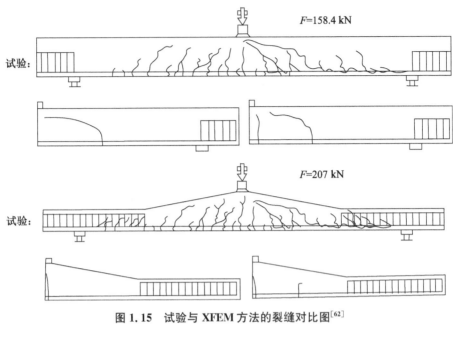

图 1.15　试验与 XFEM 方法的裂缝对比图[62]

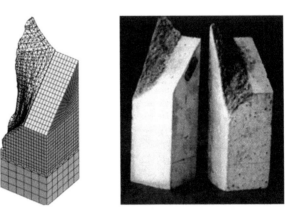

图 1.16　试验与 CDM-XFEM 法的裂缝对比图[63]

采用 CDM-XFEM 准确计算裂缝的难点在于实现 CDM 与 XFEM 之间能量转化的平衡性。首先要采用合适的牵引-分离函数描述裂缝张开的变化模式,其次是选取合适的能量转化点,如图 1.17 所示,将宏观裂缝出现时损伤模型中的剩余能量全部转移到黏结裂缝模型中[64-67]。为此,Roth[64]假定断裂带区域出现裂纹时其弹性能量不发生回弹,并且自定义转化点的应力相等,形成了能量平衡方程并求解了牵引-分离函数。Comi[65]基于弹性损伤理论,假定材料发生开裂时弹性能全部回弹,从而形成了对应的能量平衡方程。Bobinski[66]假定能量全部回弹,并考虑了不同强度的混凝土能量转化点存在差异性,自定义了能量转化时的临界位移,从而形成了两者能量的转化方程。

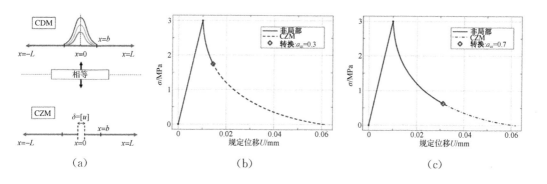

图 1.17 CDM-XFEM 黏结裂缝模型选取不同能量转化点的示意图[67]

目前,在 XFEM 框架上模拟裂缝发展的方法主要为水平集更新算法[68-70],利用水平集的临界值作为结构边界的描述函数,即零水平集。在计算裂缝时,通过更新水平集函数来实现对裂缝面的追踪。但是,传统的水平集算法需要在裂缝更新过程中对水平集函数进行重复的初值化流程,使之转化为符号距离函数,因此计算效率相对较低[71-73]。为此,许多学者提出了混合型水平集方法,省略重复的初值化过程来模拟裂缝扩展。如局部单元水平集方法[74]、显-隐式混合水平集方法[75]、向量水平集法[76]。然而与传统的隐式水平集法相比,混合型水平集方法失去了裂纹表面和前缘的几何尺寸[77]。在沿用隐式水平集方法的基础上,Li 等[78]提出了距离正则化水平集演化算法(DRLSE),该算法主要提出了罚函数项,通过附加边界约束条件,实现自动化调整数值,保证水平集函数始终处于零水平集。这样无需通过重复的正交化过程实现初始化,在一定程度上提高了裂缝面的计算速率。Zhang 等[79]提出了一种改进的扩展有限元方法(XFEM),构造了一个新的断裂能量转换方程,并通过全尺寸试验进行了验证,研究了管片腐蚀裂纹的特征及其与管片弯曲挠度的关系。

1.4 混凝土锈裂形态研究

1.4.1 锈裂形态的研究方法

目前,混凝土锈裂形态研究采用的方法主要包括模型试验及数值计算。

(1) 模型试验。主要采用 X 射线等技术对混凝土锈裂形态进行研究,探测混凝土内部不同断面的锈裂形态[80-84],如图 1.18 所示。然而,大多数试件均为单根钢筋且混凝土完好无裂缝。对于已开裂混凝土构件或含多根钢筋的混凝土构件,采用试验方法分析锈裂的变化规律则较为困难。一是由于难以获取理想的预制裂缝;二是含多根钢筋混凝土构件的尺寸相对较大,扫描设备难以穿透构件,无法获取内部的锈裂图像。

图 1.18　X 射线扫描得到的混凝土锈裂形态[80-84]

（2）数值计算。主要方法包括有限元法[85-91]、离散元法[92-93]、边界元法[94]等。Ožbolt[85]基于 3D 有限元法，采用损伤模型分析了钢筋在不同阴阳比下锈胀开裂变化差异，如图 1.19 所示。Yu 等[34]采用扩展有限单元法分析了含预制裂缝混凝土的锈胀开裂面。Yang 等[92]基于离散单元法建立了 RBSM 数值计算模型，分析了不同截面处的锈胀开裂形态，如图 1.20 所示。Chen 等[94]采用边界单元法，建立了扩散-压力耦合计算模型，分析了不同锈胀压力模式下锈胀开裂规律。

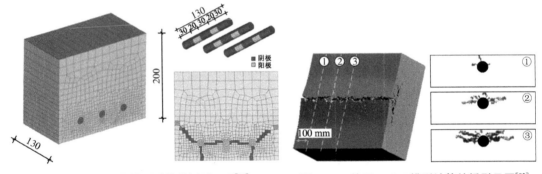

图 1.19　基于损伤模型计算的锈裂云图[85]　　**图 1.20　基于 RBSM 模型计算的锈裂云图[92]**

1.4.2　锈裂形态的表征指标

目前，表征单条锈胀裂缝形态的指标主要包括裂缝的长度、宽度、偏角及偏离间距[95-101]，如图 1.21 所示。其中，偏离间距为钢筋中心点与锈裂点组成的直线与锈裂最远点的垂直间距。对于双边的锈裂形态，Luo 等[102]引出了两锈胀裂缝间的夹角及延展间距等指标，如图 1.22 所示。为了表征多条锈胀裂缝形态之间的关系，一些学者给出了关联指标，如 Qiao 等[103]采用锈裂横向长度比及最大锈裂宽度比研究了各条裂缝间的相互关系，如图 1.23 所示。还有部分学者考虑了表面裂缝与锈胀裂缝的影响关系，如 Xu 等[104]采用内外裂缝的长度比及平均宽度比作为锈胀裂缝的表征指标，如图 1.24 所示。

 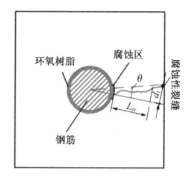

图 1.21 单条锈胀裂缝表征指标

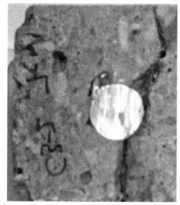 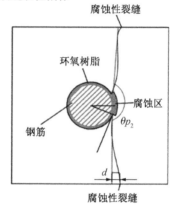

图 1.22 双边锈胀裂缝表征指标

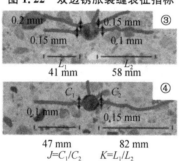

图 1.23 多条锈胀裂缝表征指标

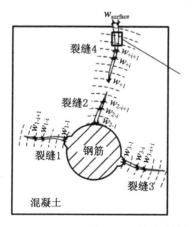 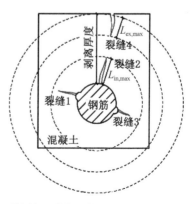

图 1.24 锈胀裂缝与表面裂缝的关联表征指标

1.5 盾构隧道临土侧锈裂研究

在地铁运营期间,外部荷载的变化会导致盾构隧道临土侧产生不同形态的表面裂缝。相关试验研究已经表明[105],混凝土内部锈裂位于混凝土表面裂缝下方附近,且与表面裂缝分布密切相关。

盾构隧道临土侧表面裂缝类型主要分为横向裂缝、纵向裂缝、斜向裂缝及交叉裂缝。Liu 等[106]借助足尺试验研究了两侧对称卸载下错缝拼装盾构隧道的裂缝分布,试验表明盾构隧道临土侧出现多条横向裂缝,且环缝接头处会出现不规则纵向裂缝,如图 1.25 所示。Wei 等[107]通过模型试验研究了非对称卸载下通缝拼装盾构隧道的开裂特征,结果表明盾构隧道临土侧会出现多条斜向裂缝,且左右两侧的裂缝形态差异较明显,如图 1.26 所示。Liu 等[108]基于弹塑性损伤模型计算了地表超载下通缝拼装盾构隧道的裂缝形态,并通过足尺试验进行了对比验证,研究表明封顶块纵缝附近(临土侧)会出现交叉裂缝。

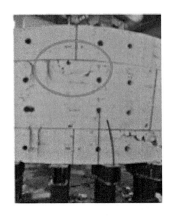
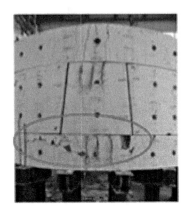

图 1.25 两侧对称卸载下盾构隧道临土侧表面裂缝

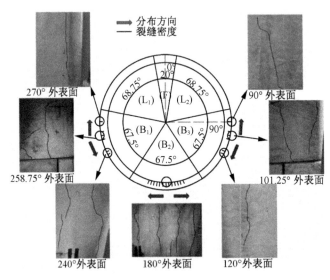

图 1.26 非对称卸载下盾构隧道临土侧表面裂缝

目前，对含表面裂缝盾构隧道临土侧锈裂的研究较少，仅有部分学者采用试验或数值的方法对含横向裂缝的管片进行了分析。Hu 等[109-110]将管片等效为长方体试件，如图 1.27 和图 1.28 所示，通过在试件上施加约束荷载、恒定电流及腐蚀性溶液，分析了试件抗弯刚度的退化情况，以及钢筋锈蚀前后试件表面的裂缝情况。但是，实际管片为弧形构件，荷载作用下管片外弧面的开裂形态势必与等效试件不同。另外，腐蚀介质侵入管片内钢筋表面的区域不同，锈胀力及锈裂形态也会有较大差异。Zhang 等[111]等设计了含横向表面裂缝管片的锈裂足尺试验，研究了横向裂缝的宽度及深度对管片抗弯刚度的影响。Zhang 等[112]采用改进的 XFEM 计算了拱腰管片内部的三维锈裂形态，得出锈裂形态呈现串联椭圆的轮廓，且锈裂分布形态与管片外部弯矩的大小密切相关。

图 1.27 管片的等效试件

图 1.28 等效试件锈裂

1.6 本书内容

本书围绕盾构隧道临土侧锈裂展开研究，通过三部分对此问题进行系统阐释。第 2～4 章为第一部分，重点介绍盾构隧道临土侧锈裂的成因，包括盾构隧道临土侧钢筋的锈层分布、考虑混凝土塑性耗散的 CDM-XFEM、盾构隧道临土侧的锈裂形态。第 5～7 章为第二部分，重点介绍盾构隧道临土侧锈裂的危害，包括临土侧锈裂对管片抗弯刚度的影响、盾构隧道结构力学性能足尺试验、临土侧锈裂对盾构隧道结构力学性能的影响。第 8 章为第三部分，重点介绍盾构隧道临土侧锈裂的治理。

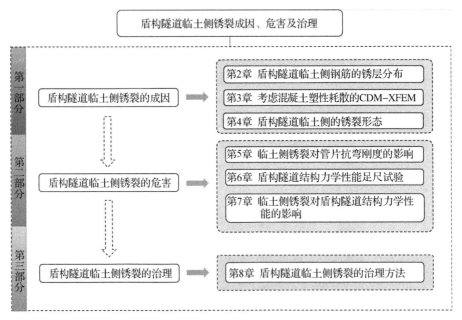

图 1.29　全书思维导图

参考文献

[1] 中国城市轨道交通协会. 城市轨道交通 2022 年度统计和分析报告[R/OL]. (2022-12-18)[2023-04-18]. https://www.camet.org.cn/tjxx/11944

[2] YU S, JIN H, SUN H J, et al. Study on rust layer distribution of cracked segment at tunnel arch waist under stray current and chloride ion corrosion [J]. Structural concrete, 2022, 24(1): 434-450.

[3] 余朔, 金浩, 周顺华, 等. 氯离子及迷流共同作用下持荷盾构管片钢筋锈层形态[J]. 工程力学, 2019, 36(7): 174-183.

[4] 范宏伟. 钢筋锈蚀行为对隧道衬砌结构安全及耐久性影响的研究[D]. 成都: 西南交通大学, 2011.

[5] HE Z, HE C, MA G, et al. Performance assessment of deteriorated RC shield tunnels integrated with stochastic field-based modeling for nonuniform steel corrosion[J]. Engineering failure analysis, 2023, 148: 107196.

[6] YU S, JIN H, CAO M F, et al. Effect of straight bolt corrosion on mechanical properties of shield tunnel under DC stray current[J]. Structures, 2022, 45: 1607-1620.

[7] YUSN J, ZHANG Z R, FU Q, et al. Ion corrosion behavior of tunnel lining concrete in complex underground salt environment[J]. Journal of materials research and technolo-

gy, 2023, 24:4875-4887.

[8] WU P G, ZHU X J, XU L J, et al. Effect of stray current coupled with chloride concentration and temperature on the corrosion resistance of a steel passivation film[J]. Electrochemistry communications, 2020, 118:106793.

[9] TANG K K. Stray alternating current (AC) induced corrosion of steel fibre reinforced concrete[J]. Corrosion science, 2019, 152:153-171.

[10] GRASSL P, DAVIES T. Lattice modelling of corrosion induced cracking and bond in reinforced concrete[J]. Cement and concrete composites, 2011, 33(9):918-924.

[11] JIN L, LIU M J, ZHANG R B, et al. Cracking of cover concrete due to non-uniform corrosion of corner rebar: A 3D meso-scale study[J]. Construction and building materials, 2020, 245:118449.

[12] ZHAO Y X, HU B Y, YU J, et al. Non-uniform distribution of rust layer around steel bar in concrete[J]. Corrosion science, 2011, 53(12):4300-4308.

[13] ZHANG J H, LING X Z, GUAN Z G. Finite element modeling of concrete cover crack propagation due to non-uniform corrosion of reinforcement[J]. Construction and building materials, 2017, 132: 487-499.

[14] XI X, YANG S J, LI C Q. A non-uniform corrosion model and meso-scale fracture modelling of concrete[J]. Cement and concrete research, 2018, 108:87-102.

[15] ZHANG Y L, SU R K L. Corner cracking model for non-uniform corrosion-caused deterioration of concrete covers[J]. Construction and building materials, 2020, 234: 117410.

[16] GUZMÁN S, GÁLVEZ J C. Modelling of concrete cover cracking due to non-uniform corrosion of reinforcing steel[J]. Construction and building materials, 2017, 155: 1063-1071.

[17] LIU Q F, SU R K L. A Wasserstein distance-based analogous method to predict distribution of non-uniform corrosion on reinforcements in concrete[J]. Construction and building materials, 2019, 226:965-975.

[18] ZHU X J, MENG Z Z, LIU L, et al. An equivalent smeared layer method for simulating the non-uniform corrosion-induced damage of concrete[J]. Engineering fracture mechanics, 2020, 224:106791.

[19] WANG C T, LI W, WANG Y Q, et al. Chloride-induced stray current corrosion of Q235A steel and prediction model[J]. Construction and building materials, 2019, 219:164-175.

[20] CHU H Q, WANG T T, GUO M Z, et al. Effect of stray current on stability of

[20] bound chlorides in chloride and sulfate coexistence environment[J]. Construction and building materials, 2019, 194:247-256.

[21] XIA J, CHENG X, LIU Q F, et al. Effect of the stirrup on the transport of chloride ions during electrochemical chloride removal in concrete structures[J]. Construction and building materials, 2020, 250:118898.

[22] ROBUSCHI S, TENGATRINI A, DIJKSTYA J, et al. A closer look at corrosion of steel reinforcement bars in concrete using 3D neutron and X-ray computed tomography[J]. Cement and concrete research, 2021, 144:106439.

[23] HONG S X, SHI G Y, ZHENG F, et al. Characterization of the corrosion profiles of reinforcement with different impressed current densities by X-ray micro-computed tomography[J]. Cement and concrete composites, 2020, 109:103583.

[24] FANG G H, DING W J, LIU Y Q, et al. Identification of corrosion products and 3D distribution in reinforced concrete using X-ray micro computed tomography[J]. Construction and building materials, 2019, 207:304-315.

[25] BERNACHY F, SAYARI T, DEWYNTER V, et al. Using X-ray microtomography to study the initiation of chloride-induced reinforcement corrosion in cracked concrete[J]. Construction and building materials, 2020, 259:119574.

[26] DONG B Q, SHI G Y, DONG P, et al. Visualized tracing of rebar corrosion evolution in concrete with X-ray micro-computed tomography method[J]. Cement and concrete composites, 2018, 92:102-109.

[27] WANG X X, JIN Z Q, LIU J P, et al. Research on internal monitoring of reinforced concrete under accelerated corrosion, using XCT and DIC technology[J]. Construction and building materials, 2021, 266:121018.

[28] DU F Y, JIN Z Q, SHE W, et al. Chloride ions migration and induced reinforcement corrosion in concrete with cracks: a comparative study of current acceleration and natural marine exposure[J]. Construction and building materials, 2020, 263:120099.

[29] ZHANG W L, FRANOIS R, CAI Y X, et al. Influence of artificial cracks and interfacial defects on the corrosion behavior of steel in concrete during corrosion initiation under a chloride environment[J]. Construction and building materials, 2020, 253:119165.

[30] XU X Q, HE D Y, ZENG S W, et al. Effect of concrete cracks on the corrosion of headed studs in steel and concrete composite structures[J]. Construction and building materials, 2021, 293:123440.

[31] AMALIA Z, QIAO D, NAKAMURA H, et al. Development of simulation method

of concrete cracking behavior and corrosion products movement due to rebar corrosion[J]. Construction and building materials, 2018, 190:560-572.

[32] OŽBOLT J, BALABANIĆ G, KUŠTER M. 3D numerical modelling of steel corrosion in concrete structures[J]. Corrosion science, 2011, 53:4166-4177.

[33] XU F, XIAO Y F, WANG S G, et al. Numerical model for corrosion rate of steel reinforcement in cracked reinforced concrete structure[J]. Construction and building materials, 2018, 180:55-67.

[34] YU S, JIN H. Modeling of the corrosion-induced crack in concrete contained transverse crack subject to chloride ion penetration[J]. Construction and building materials, 2020, 258:119645.

[35] PAPAKONSTANTINOU K G, SHINOZUKA M. Probabilistic model for steel corrosion in reinforced concrete structures of large dimensions considering crack effects[J]. Engineering structures, 2013, 57:306-326.

[36] ZHANG X G, LI M H, TANG L P, et al. Corrosion induced stress field and cracking time of reinforced concrete with initial defects: Analytical modeling and experimental investigation[J]. Corrosion science, 2017, 120:158-170.

[37] SIMONE A, WELLS G N, SLUYS L J. From continuous to discontinuous failure in a gradient-enhanced continuum damage model[J]. Computer methods in applied mechanics and engineering, 2003, 192:4581-4607.

[38] LI X, CHEN J. An extended cohesive damage model for simulating arbitrary damage propagation in engineering materials[J]. Computer methods in applied mechanics and engineering, 2017, 315:744-759.

[39] TAMAYO E, RORDÍGUEZ A. A new continuous-discontinuous damage model: cohesive cracks via an accurate energy-transfer process[J]. Theoretical and applied fracture mechanics, 2014, 69:90-101.

[40] JEFFERSON A D. Craft-A plastic-damage-contact model for concrete. I. Model theory and thermodynamic considerations[J]. International journal of solids and structures, 2003, 40(22):5973-5999.

[41] POH L H, SWADDIWUDHIPONG S. Over-nonlocal gradient enhanced plastic-damage model for concrete[J]. International journal of solids and structures, 2009, 46:4369-4378.

[42] CHALLAMEL N. A variationally based nonlocal damage model to predict diffuse microcracking evolution[J]. International journal of mechanical sciences, 2010, 52(12):1783-1800.

[43] POLIOTTI M, BAIRÁN J. A new concrete plastic-damage model with an evolutive dilatancy parameter[J]. Engineering structures, 2019, 189:541-549.

[44] WANG Y, KONG X, FANG Q, et al. Modelling damage mechanisms of concrete under high confinement pressure[J]. International journal of impact engineering, 2021, 150:103815.

[45] LIU J W, SHI C H, LEI M F, et al. A study on damage mechanism modelling of shield tunnel under unloading based on damage-plasticity model of concrete[J]. Engineering failure analysis, 2021, 123:105261.

[46] 庄晓莹, 张雪健, 朱合华. 盾构管片接头破坏的弹塑性-损伤三维有限元模型研究[J]. 岩土工程学报, 2015, 37(10):1826-1834.

[47] LONG A, KANTH S A, HARMAIN G A, et al. XFEM modeling of frictional contact between elliptical inclusions and solid bodies[J]. Materials today: proceedings, 2020, 26:819-824.

[48] FERRETTI D, MICHELINI E, ROSATI G. Cracking in autoclaved aerated concrete: Experimental investigation and XFEM modeling[J]. Cement and concrete research, 2015, 67:156-167.

[49] HAGHANI M, NAVAYI B, AHMADI M, et al. Combining XFEM and time integration by α-method for seismic analysis of dam-foundation-reservoir[J]. Theoretical and applied fracture mechanics, 2020, 109:102752.

[50] SCHÄETZER M, FRIES T. Loaded crack surfaces in two and three dimensions with XFEM[J]. Applied mathematical modelling, 2020, 78:863-885.

[51] XIA X Z, CHEN F, GU X, et al. Interfacial debonding constitutive model and XFEM simulation for mesoscale concrete[J]. Computers and structures, 2021, 242:106373.

[52] 张社荣, 王高辉, 庞博慧, 等. 基于XFEM的砼重力坝强震破坏模式及抗震安全评价[J]. 振动与冲击, 2012, 31(22):138-142.

[53] SEABRA M R R, DE SA J M A C, ANDRADE F X C, et al. Continuous-discontinuous formulation for ductile fracture[J]. International journal of material forming, 2011, 4(3):271-281.

[54] WANG Y X, WAISMAN H. From diffuse damage to sharp cohesive cracks: a coupled XFEM framework for failure analysis of quasi-brittle materials[J]. Computer methods in applied mechanics and engineering, 2016, 299:57-89.

[55] PANDEY V B, SINGH I V, MISHRA B K, et al. A new framework based on continuum damage mechanics and XFEM for high cycle fatigue crack growth simulations

[J]. Engineering fracture mechanics, 2019, 206:172-200.

[56] JIN W C, ARSON C. XFEM to couple nonlocal micromechanics damage with discrete mode I cohesive fracture[J]. Computer methods in applied mechanics and engineering, 2019, 357:112617.

[57] EVANGELISTA F, MOREIRA J F A. A novel continuum damage model to simulate quasi-brittle failure in mode I and mixed-mode conditions using a continuous or a continuous-discontinuous strategy[J]. Theoretical and applied fracture mechanics, 2020, 109:102745.

[58] PANDEY V B, SAMANT S S, SINGH I V, et al. An improved methodology based on continuum damage mechanics and stress triaxiality to capture the constraint effect during fatigue crack propagation [J]. International journal of fatigue, 2020, 140:105823.

[59] CERVERA M, CHIUMENTI M. Mesh objective tensile cracking via a local continuum damage model and a crack tracking technique[J]. Computer methods in applied mechanics and engineering, 2006, 196:304-320.

[60] JIRÁSEK M, GRASSL P. Evaluation of directional mesh bias in concrete fracture simulations using continuum damage models[J]. Engineering fracture mechanics, 2008, 75(8):1921-1943.

[61] SLOBBE A J, HENDRIKS M A N, ROTS J G. Systematic assessment of directional mesh bias with periodic boundary conditions: Applied to the crack band model[J]. Engineering fracture mechanics, 2013, 109:186-208.

[62] FARON A, ROMBACH G A. Simulation of crack growth in reinforced concrete beams using extended finite element method[J]. Engineering failure analysis, 2020, 116:104698.

[63] ROTH S N, LÉGER P, SOULAIMANI A. Strongly coupled XFEM formulation for non-planar three-dimensional simulation of hydraulic fracturing with emphasis on concrete dams[J]. Computer methods in applied mechanics and engineering, 2020, 363: 112899.

[64] ROTH S N, LÉGER P, SOULAIMANI A. A combined XFEM-damage mechanics approach for concrete crack propagation[J]. Computer methods in applied mechanics and engineering, 2015, 283:923-955.

[65] COMI C, MARIANI S, PEREGO U. An extended FE strategy for transition from continuum damage to mode I cohesive crack propagation[J]. International journal for numerical and analytical methods in geomechanics, 2007, 31:213-238.

[66] BOBINSKI J, TEJCHMAN J, et al. A coupled constitutive model for fracture in plain concrete based on continuum theory with non-local softening and extended finite element method[J]. Finite elements in analysis and design, 2016, 114:1-21.

[67] CUVILIEZ S, FEYEL F, LORENTZ E, et al. A finite element approach coupling a continuous gradient damage model and a cohesive zone model within the framework of quasi-brittle failure[J]. Computer methods in applied mechanics and engineering, 2012, 237/238/239/240:244-259.

[68] COLOMBO D, MASSIN P. Fast and robust level set update for 3D non-planar X-FEM crack propagation modelling[J]. Computer methods in applied mechanics and engineering, 2011, 200:2160-2180.

[69] COLOMBO D. An implicit geometrical approach to level sets update for 3D non planar X-FEM crack propagation[J]. Computer methods in applied mechanics and engineering, 2012, 237/238/239/240:39-50.

[70] 李明, 史艺涛, 李鑫, 等. 基于水平集法的三维非均质岩石建模及水力压裂特性[J]. 东北大学学报(自然科学版), 2019, 40(1):109-114.

[71] 张文辉, 郑福聪, 程文婕, 等. 基于双向演化的局部水平集组合算法用于拓扑优化[J]. 固体力学学报, 2018, 39(2):213-222.

[72] 原泉, 王艳, 李玉先. 距离保持水平集演化模型的快速实现算法[J]. 计算机应用, 2020, 40(9):2743-2747.

[73] NAGASHIMA T, SAWADA M. Development of a damage propagation analysis system based on level set XFEM using the cohesive zone model[J]. Computers and structures, 2016, 174:42-53.

[74] DUAN Q L, SONG J H, MENOUILLARD T, et al. Element-local level set method for three-dimensional dynamic crack growth[J]. International journal for numerical methods in engineering, 2009, 80(12):1520-1543.

[75] SADEGHIRAD A, CHOPP D L, REN X, et al. A novel hybrid approach for level set characterization and tracking of non-planar 3D cracks in the extended finite element method[J]. Engineering fracture mechanics, 2016, 160:1-14.

[76] AGATHOS K, VENTURA G, CHATZI E, et al. Stable 3D XFEM/vector-level sets for non-planar 3D crack propagation and comparison of enrichment schemes[J]. International journal for numerical methods in engineering, 2018, 113:252-276.

[77] XIAO G Z, WEN L F, TIAN R. Arbitrary 3D crack propagation with Improved XFEM: Accurate and efficient crack geometries[J]. Computer methods in applied mechanics and engineering, 2021, 377:113659.

[78] LI C M, XU C Y, GUI C F, et al. Distance regularized level set evolution and its application to image segmentation[J]. IEEE Transactions on image processing, 2010, 19(12):3243-3254.

[79] ZHANG X H, JIN H, YU S, et al. Analysis of bending deflection of tunnel segment under load- and corrosion-induced cracks by improved XFEM[J]. Engineering failure analysis, 2022, 140: 106576.

[80] DONG B Q, FANG G G, LIU Y Q, et al. Monitoring reinforcement corrosion and corrosion-induced cracking by X-ray microcomputed tomography method[J]. Cement and concrete research, 2017, 100:311-321.

[81] WANG P H, QIAO H X, ZHANG Y S, et al. Three-dimensional characteristics of steel corrosion and corrosion-induced cracks in magnesium oxychloride cement concrete monitored by X-ray computed tomography[J]. Construction and building materials, 2020, 246:118504.

[82] HONG S X, SHI G Y, ZHENG F, et al. Characterization of the corrosion profiles of reinforcement with different impressed current densities by X-ray micro-computed tomography[J]. Cement and concrete composites, 2020, 109:103583.

[83] HONG S X, ZHENG F, SHI G Y, et al. Determining influence of impressed current density on current efficiency with X-ray micro-computed tomography[J]. Construction and building materials, 2020, 246:118505.

[84] FENG W P, TARAKBAY A, MEMON S, et al. Methods of accelerating chloride-induced corrosion in steel-reinforced concrete: a comparative review[J]. Construction and building materials, 2021, 289:123165.

[85] OŽBOLT J, ORSANIĆ F, BALABANIĆ G, et al. Modeling damage in concrete caused by corrosion of reinforcement: coupled 3D FE model[J]. International journal of fracture, 2012, 178:233-244.

[86] 王坤, 赵羽习, 夏晋. 混凝土结构锈裂形态试验研究及数值模拟[J]. 建筑结构学报, 2019, 40(7):138-145.

[87] 徐亦冬, 郑颖颖, 杜坤, 等. 钢筋混凝土保护层锈裂行为的细观有限元模拟[J]. 东南大学学报(自然科学版), 2017(2):356-361.

[88] ROKKAM S, GUNZBURGER M, BROTHERS M, et al. A nonlocal peridynamics modeling approach for corrosion damage and crack propagation[J]. Theoretical and applied fracture mechanics, 2019, 101:373-387.

[89] ZHANG Y L, SU R K L. Corner cracking model for non-uniform corrosion-caused deterioration of concrete covers[J]. Construction and building materials, 2020,

[90] CHEN E, LEUNG C K Y. Finite element modeling of concrete cover cracking due to non-uniform steel corrosion[J]. Engineering fracture mechanics, 2015, 134:61-78.

[91] ZHANG J H, LING X Z, GUAN Z G. Finite element modeling of concrete cover crack propagation due to non-uniform corrosion of reinforcement[J]. Construction and building materials, 2017, 132:487-499.

[92] YANG Y Z, NAKAMURA H, YAMAMOTO Y, et al. Numerical simulation of bond degradation subjected to corrosion-induced crack by simplified rebar and interface model using RBSM[J]. Construction and building materials, 2020, 247:118602.

[93] JIRADILOK P, NAGAI K, MATSUMOTO K. Meso-scale modeling of non-uniformly corroded reinforced concrete using 3D discrete analysis[J]. Engineering structures, 2019, 197:109378.

[94] CHEN E, LEUNG C K Y. A coupled diffusion-mechanical model with boundary element method to predict concrete cover cracking due to steel corrosion[J]. Corrosion science, 2017, 126:180-196.

[95] JAMSHIDI F, DEHESTANI M. Time to cracking in concrete cover length due to reinforcement corrosion via a simplified fracture mechanics approach[J]. Construction and building materials, 2020, 258:119588.

[96] ZAHID H F, JIRADILOK P, KUNTAL V, et al. Investigation of the effects of multiple and multi-directional reinforcement on corrosion-induced concrete cracking pattern[J]. Construction and building materials, 2021, 283:122594.

[97] ZHANG M Y, AKIYAMA M, SHINTANI M, et al. Probabilistic estimation of flexural loading capacity of existing RC structures based on observational corrosion-induced crack width distribution using machine learning[J]. Structural safety, 2021, 91:102098.

[98] YANG S T, LI K F, LI C Q. Numerical determination of concrete crack width for corrosion-affected concrete structures[J]. Computers and structures, 2018, 207:75-82.

[99] PEDROSA F, ANDEAADE C. Corrosion induced cracking: Effect of different corrosion rates on crack width evolution[J]. Construction and building materials, 2017, 133:525-533.

[100] MALUMBELA G, ALEXANDER M, MOYO P. Interaction between corrosion crack width and steel loss in RC beams corroded under load[J]. Cement and concrete research, 2010, 40:1419-1428.

[101] CHEN J Y, ZHANG W P, GU X L. Modeling time-dependent circumferential non-

uniform corrosion of steel bars in concrete considering corrosion-induced cracking effects[J]. Engineering structures, 2019, 201:109766.

[102] LUO G, ZHANG K, ZHU W J, et al. Effect of non-uniform corrosion on the cracking propagation of the RC specimens[J]. Construction and building materials, 2021, 270:121460.

[103] QIAO D, NAKAMURA H, YAMAMOTO Y, et al. Crack patterns of concrete with a single rebar subjected to non-uniform and localized corrosion[J]. Construction and building materials, 2016, 116:366-377.

[104] XU X Y, ZHAO Y X. Corrosion-induced cracking propagation of RC beams subjected to different corrosion methods and load levels[J]. Construction and building materials, 2021, 286:122913.

[105] POUPARD O, L'HOSTIS V, CATINAUD S, et al. Corrosion damage diagnosis of a reinforced concrete beam after 40 years natural exposure in marine environment,[J]. Cement and concrete research,2005,36(3):504-520.

[106] LIU X, DONG Z, BAI Y, et al. Investigation of the structural effect induced by stagger joints in segmental tunnel linings: first results from full-scale ring tests[J]. Tunnelling and underground space technology,2017,66:1-18.

[107] WEI G, FENG F F, HU C B, et al. Mechanical performances of shield tunnel segments under asymmetric unloading induced by pit excavation[J]. Journal of rock mechanics and geotechnical engineering,2022,15(6):1547-1564.

[108] LIU J W, SHAI C H, et al. Investigation of ultimate bearing capacity of shield tunnel based on concrete damage model[J]. Tunnelling and underground space technology, 2022,125:104510.

[109] HU X Y, HE C, FENG K, et al. Effects of polypyrrole coated rebar on corrosion behavior of tunnel lining with the combination effect of sustained loading and pre-existing cracks when exposed to chlorides[J]. Construction and building materials, 2019, 221: 318-331.

[110] 刘四进,何川,封坤,等. 受荷状态下盾构隧道管片锈蚀劣化破坏过程研究[J]. 土木工程学报, 2018, 51(6):120-128.

[111] ZHANG X H, YU S, JIN H, et al. Experimental investigation of corrosion effect on bending deflection of shield tunnel segment containing transverse cracks[J]. Structural concrete,2022,24(1):411-422.

[112] ZHANG X H, JIN H, YU S, et al. Analysis of bending deflection of tunnel segment under load-and corrosion-induced cracks by improved XFEM[J]. Engineering failure analysis, 2022, 140: 106576.

第 2 章
盾构隧道临土侧钢筋的锈层分布

在外部荷载作用下，盾构隧道临土侧会出现不同程度的开裂。地下水中的氯离子会通过裂缝侵入到管片钢筋表面，造成钢筋表面钝化膜脱落引发锈蚀。此外，地铁隧道中存在的杂散电流会加快盾构隧道临土侧钢筋的锈蚀速率。

目前，既有的盾构隧道临土层钢筋锈层计算方法仅考虑了单个因素的作用，缺少多个因素耦合作用下的锈层计算方法。因此，本章首先考虑管片荷载裂缝形态对氯离子对流系数的影响，然后结合试验确定杂散电流的输出模式及混凝土电导率参数，构建电流作用下含裂缝管片的氯离子传输计算方程；进一步结合电化学腐蚀动力学相关理论，形成荷载-氯离子-电流耦合作用下管片临土侧钢筋的三维锈层形态计算方法，最终对管片临土侧钢筋的锈蚀区域及锈层分布特征进行详细分析。

2.1 氯离子在管片中的传输规律

2.1.1 电流作用下含裂缝管片的氯离子传输计算方程

盾构隧道管片混凝土为多孔介质材料，氯离子在管片中的传输主要包含扩散、对流及电迁移三个过程[1-8]。其中，扩散作用是由于氯离子浓度梯度引起的，对流作用是由于水分在孔隙结构中的迁移引起的，电迁移是由内外部的电势差造成的。假定外力对氯离子的传输影响均表现在荷载裂缝对氯离子扩散及对流影响方面，杂散电流对氯离子迁移的形式为直流传输，如图 2.1 所示。

根据 Nernst-Plank 方程[9]，氯离子在电-化-力三场作用下的传输计算方程可表示为

$$j = j_d + j_c + j_e = -D_{Cl}\nabla C_{Cl} + uC_{Cl} - \frac{D_e F z C_{Cl}}{RT}\nabla \varphi \tag{2.1}$$

式(2.1)中，第 1 项 j_d 为氯离子受浓度梯度作用产生的扩散因子，第 2 项 j_c 为氯离子受湿度梯度作用以非饱和渗流方式传输的对流因子，第 3 项 j_e 为氯离子受外加电场作用形成的电

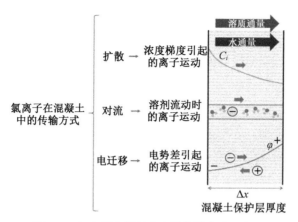

图 2.1　氯离子在混凝土中的传输方式示意图

迁移因子，D_{Cl} 为氯离子的扩散系数，∇C_{Cl} 为氯离子的浓度梯度，u 为氯离子的对流系数，$\nabla \varphi$ 为杂散电流引起的电势差，D_e 为电场迁移系数，C_{Cl} 为混凝土表面氯离子含量，T 为当前温度，R 是和温度关联的通用气体常数，F 为法拉第常数，z 为电子数。

由于盾构管片在服役期间受外部荷载影响会产生不同尺寸的裂缝，相关试验验证得出氯离子对流及扩散速度在裂纹区域与非裂纹区域有较大区别[10-14]。因此，方程可改写为

$$j = -(D_{Cl}^{sound} + D_{Cl}^{crack})\nabla C_{Cl} + (u^{sound} + u^{crack})C_{Cl} - \frac{D_e F z C_{Cl}}{RT}\nabla \varphi \tag{2.2}$$

式(2.2)中，D_{Cl}^{sound} 和 u^{sound} 分别为非裂缝区域的氯离子扩散系数和对流系数，D_{Cl}^{crack} 和 u^{crack} 为裂缝区域的氯离子扩散系数和对流系数。

非饱和混凝土中，在 x 方向上水分的流动传输系数 u 可用扩展达西定律[15]表示，即：

$$u = -K(\theta) \cdot \frac{\partial p}{\partial x} = -K(\theta) \cdot \frac{\partial p}{\partial \theta} \cdot \frac{\partial \theta}{\partial x} = -D_\theta \cdot \frac{\partial \theta}{\partial x} \tag{2.3}$$

式(2.3)中，$K(\theta)$ 为水力传导系数，θ 为混凝土相对含水量，p 为孔隙毛细压力。

在单位体积内，氯离子的质量守恒方程为

$$\frac{\partial}{\partial t}(C_{Cl}) + \mathrm{div} \boldsymbol{J}_{Cl} = 0 \tag{2.4}$$

结合式(2.2)和式(2.4)，则在一维 x 方向的氯离子传输方程可表示为

$$\frac{\partial C_t}{\partial t} = \frac{\partial}{\partial x}\left((D_{Cl}^{sound} + D_{Cl}^{crack})\frac{\partial C_t}{\partial x}\right) + C_t \frac{\partial}{\partial x}\left((D_\theta^{sound} + D_\theta^{crack})\frac{\partial \theta}{\partial x}\right) + \frac{\partial}{\partial x}\left(\frac{D_e F z \varphi}{RT}\frac{\partial C_t}{\partial x}\right) \tag{2.5}$$

氯离子在混凝土中主要以自由(游离于孔隙溶液中)和结合(与混凝土材料发生吸附)两种形式存在[16]，即式(2.6)。

$$C_t = C_b + C_f \tag{2.6}$$

式(2.6)中,C_t为氯离子的总含量,C_b为结合氯离子含量,C_f为自由氯离子含量。

引起钢筋表面发生锈蚀的介质为自由氯离子,目前描述结合氯离子和自由氯离子的最常用关系函数为 Langmuir 吸附等温方程[17],即式(2.7)。

$$C_b = \frac{\alpha C_f}{1+\beta C_f} \tag{2.7}$$

式(2.7)中,α和β为氯离子结合强度常数,分别取为 11.8 和 4.0[6]。

将式(2.6)和式(2.7)代入到式(2.5)化简得出方程左边项,即:

$$\frac{\partial C_t}{\partial t} = \frac{\partial (C_f + C_b)}{\partial t} = \frac{\partial C_f}{\partial t} + \frac{dC_b}{dC_f} \cdot \frac{\partial C_f}{\partial t} = \left(1 + \frac{\alpha}{(1+\beta C_f)^2}\right)\frac{\partial C_f}{\partial t} \tag{2.8}$$

将$\frac{\alpha}{(1+\beta C_f)^2}$用结合率$K_f$表示,则在电-力-化三场作用下自由氯离子的传输计算方程可表示为

$$\frac{\partial C_f}{\partial t} = \frac{1}{1+K_f}\left[\frac{\partial}{\partial x}\left((D_{Cl}^{sound}+D_{Cl}^{crack})\frac{\partial C_f}{\partial x}\right) + C_f\frac{\partial}{\partial x}\left((D_\theta^{sound}+D_\theta^{crack})\frac{\partial \theta}{\partial x}\right) + \frac{\partial}{\partial x}\left(\frac{D_e Fz\varphi}{RT}\frac{\partial C_f}{\partial x}\right)\right] \tag{2.9}$$

式(2.9)的初始条件及边界条件可以表示为

$$\begin{cases} C(x,0) = C_0, \\ C(0,t) = C_S, \\ C(\infty,t) = 0 \end{cases} \tag{2.10}$$

式(2.10)中,C_0为混凝土内部的初始氯离子含量,本文中C_0取为 0%,C_S为混凝土外表面的氯离子含量,本文中C_S取为 2%[18],D_e为离子的电场迁移系数,对于氯离子的计算,取值为1×10^{-12} m^2/s[19]。

对于D_{Cl}^{sound}、D_{Cl}^{crack}这 2 个氯离子扩散系数的计算,首先,氯离子的扩散主要受湿度、温度及混凝土裂缝尺寸等的影响,其扩散系数方程可表示为

$$D_{Cl} = \begin{cases} D_{Cl}^{sound} = D_0 \cdot f(RH) \cdot f(T), \\ D_{Cl}^{crack} = D_{Cl}^{sound} \cdot f(w_{eff}) \end{cases} \tag{2.11}$$

式(2.11)中,D_0是氯化物扩散系数的标准参考值,它仅与混凝土的水灰比有关,在本研究中D_0取为6×10^{12} m^2/s [18]。$f(RH)$和$f(T)$分别代表湿度影响因子[7]和温度影响因子[20],其计算公式可表示为

$$f(RH) = \left[1+\frac{(1-RH)^4}{(1-RH_c)^4}\right]^{-1} \tag{2.12}$$

$$f(T) = e^{\left[\frac{E_a}{R}\left(\frac{1}{T_0}-\frac{1}{T}\right)\right]} \tag{2.13}$$

式(2.12)中,RH 是混凝土内部相对湿度(RH 取 70%[21]),RH_c 是临界湿度(RH_c 取 75%[21]);式(2.13)中,T_0 和 T 分别是参考标准温度和当前温度,分别取值 293 K 和 296 K[12],E_a 是离子扩散过程的活化能,取值 41 800 J/mol[12],R 是和温度关联的通用气体常数,取值 8.314 J/(mol·K)[12]。

除此之外,研究表明混凝土表面裂缝宽度与氯离子扩散系数存在相关关系[22],学者对不同裂缝宽度的氯离子扩散影响系数给出了对应的计算公式。本文选用的裂缝宽度(混凝土表面)影响系数计算方程[22]如式(2.14)所示:

$$f(w)=\begin{cases} 2\times10^{-11}w-4\times10^{-10}, & 30\ \mu m \leqslant w \leqslant 80\ \mu m, \\ 14\times10^{-10}, & w>80\ \mu m \end{cases} \tag{2.14}$$

2.1.2 考虑管片荷载裂缝形态的氯离子对流系数

氯离子的对流系数,也称为水分的渗透系数,对非开裂混凝土的水分渗透系数 D_θ^{sound} 可用幂函数[23]形式表示为

$$D_\theta^{sound}=D_0^\theta \cdot \theta^s \tag{2.15}$$

式(2.15)中,s 为材料系数,取值 6.55,D_0^θ 为量值参数,取值 0.49 mm²/min[23]。

对于开裂混凝土的裂缝,仍适用达西方程,其水分渗透系数 D_θ^{crack} 可表示为[24]

$$D_\theta^{crack}=\frac{k_l \cdot k_r(\theta)}{\mu} \cdot \frac{\mathrm{d}p}{\mathrm{d}\theta} \tag{2.16}$$

式(2.16)中,μ 为水分的黏滞动力系数,取值为 0.001 Pa·s,k_l 为水分在饱和混凝土裂缝中的渗透率,$k_r(\theta)$ 为水分的相对渗透率,可表示为[24]

$$k_r(\theta)=\sqrt{\theta}[1-(1-\theta^{1/m})^m]^2 \tag{2.17}$$

式(2.17)中,相对含水量 θ 与孔隙毛细压力 p 的关系式可表示如下[25]:

$$\theta=\left[1+\left(\frac{p}{p_r}\right)^{1/(1-m)}\right]^{-m} \tag{2.18}$$

式(2.18)中,影响系数 m 取 0.439 6,标准压力 p_r 取 18.623 7 MPa[25]。

对于水分在饱和混凝土裂缝中的渗透率 k_l 的计算公式,Shin 等[26]将裂缝假定为平行的平板裂缝,基于 Poiseuille 定律[26]给出了裂缝处水分的渗透率计算方程。由于管片产生的裂缝形态近似为等腰三角形,如图 2.2 所示,其适用条件并不符合 Poiseuille 定律。因此,本文考虑将裂缝间的水分传输可看成对称斜板间的层流运动,如图 2.3(a)所示。

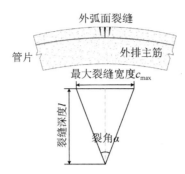

图 2.2 裂缝间水流示意图

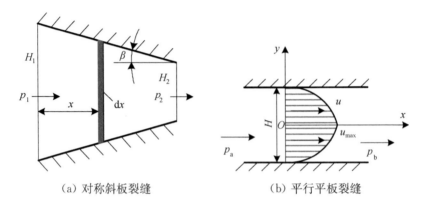

(a) 对称斜板裂缝　　　　(b) 平行平板裂缝

图 2.3 裂缝间水流示意图

将管片沿深度方向的裂缝形态等效为等腰三角形,则裂缝宽度可表示为

$$c_{max}=2l\tan\frac{\alpha}{2} \tag{2.19}$$

式(2.19)中,c_{max} 为管片表面的最大裂缝宽度,α 为裂角,l 为裂缝深度。

如图2.3所示,设倾斜缝隙入口处的高度为 H_1,压力为 p_1,出口处的高度为 H_2,压力为 p_2,u 为流速,上下平面均固定不动。将裂缝入口设为坐标原点,对一距原点为 x,长为 dx,高为 H 的微元缝隙进行分析,由于 dx 很小,则该微元缝隙可等效为平行平板裂缝,根据牛顿内摩擦定律[28],满足以下方程:

$$\frac{d^2u}{dy^2}=\frac{1}{\mu}\frac{dp}{dx} \tag{2.20}$$

由式(2.20)对 y 进行积分得:

$$u=-\frac{1}{2\mu}\cdot\frac{dp}{dx}y^2+C_1y+C_2 \tag{2.21}$$

根据边界条件 $y=\pm H/2$ 时,$u=0$,可求得:

$$u=\frac{1}{2\mu}\cdot\frac{\mathrm{d}p}{\mathrm{d}x}\left(\frac{H^2}{4}-y^2\right) \quad (2.22)$$

则通过裂缝单元的流量为

$$Q=\int_{-\frac{H}{2}}^{+\frac{H}{2}}u\mathrm{d}y=\frac{H^3}{12\mu}\frac{\mathrm{d}p}{\mathrm{d}x} \quad (2.23)$$

根据裂缝的角度关系,有

$$2\tan\beta=\frac{\mathrm{d}H}{\mathrm{d}x} \quad (2.24)$$

代入式(2.23)可得:

$$\mathrm{d}p=\frac{6\mu Q}{H^3\tan\beta}\mathrm{d}H \quad (2.25)$$

根据边界条件,对式(2.25)积分,可求得:

$$\Delta p=p_2-p_1=\frac{3\mu Q}{\tan\beta}\frac{H_2^2-H_1^2}{H_1^2 H_2^2} \quad (2.26)$$

结合式(2.19)可知, $H_1=2\tan\beta\cdot l$, $\beta=\alpha/2$, $H_2=H_1-2x\tan\beta$, $0<x<l$, 通过裂缝的流量公式为

$$Q=\frac{4l^2(l-x)^2\tan^3(\alpha/2)}{3\mu x(x-2l)}\Delta p \quad (2.27)$$

因此,水分在饱和混凝土裂缝中的渗透率为

$$k_l=\frac{4l^2(l-x)^2\tan^3(\alpha/2)}{3x(x-2l)} \quad (2.28)$$

联立上式,可得出管片裂缝处水分渗透系数的计算模型,即:

$$D_\theta^{\mathrm{crack}}=\frac{4p_r l^2(l-x)^2(1-m)}{3x(x-2l)\mu m}\tan^3\frac{\alpha}{2}\sqrt{\theta}\left[1-(1-\theta^{1/m})^m\right]^2\cdot\theta^{-1/m-1}(\theta^{-1/m-1}-1)^{-m}$$

(2.29)

为验证式(2.29)在计算水分渗透系数时的精确性,以开裂混凝土的水分渗透试验作为参照,建立相应的数值计算模型,计算水分分布及相对含水量的变化规律,与 Zhang 等[29]的水分分布中子成像图片及相对含水量分布的试验数据进行对比,如图 2.4 所示。混凝土长度为 100 mm,宽度为 100 mm,裂缝的最大宽度为 0.35 mm,裂缝的深度为 71 mm。

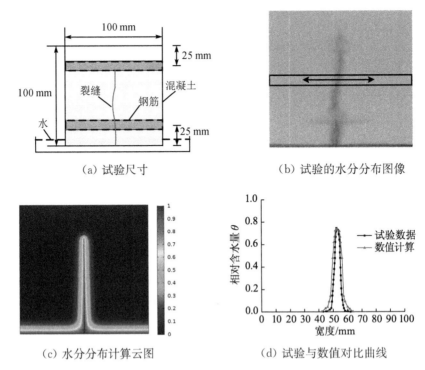

图 2.4 试验与数值计算的水分分布对比图($t=1$ min)

由图 2.4 可见,利用式(2.29)分析得到的带单条裂缝混凝土的相对含水量分布规律与试验数据基本一致,存在部分方向偏差的原因是试验的构件中存在钢筋,同时试验裂缝的形态并不是直线,因此计算出来的水分分布图像及相对含水量曲线并不完全相同。但整体变化趋势及含水量在宽度方向上的变化关系是相同的,说明采用式(2.29)计算含横向裂缝混凝土的氯离子对流系数是合理可行的。

2.1.3 杂散电流的输出模式及混凝土电导率参数

1) 杂散电流输出模式的假定

在地铁运营期间,有一定概率因为钢轨扣件绝缘性能下降或者失效,导致杂散电流由钢轨流至道床及管片。根据流出位置的不同,可分为单点泄露和多点泄露两种模式[30-37],如图 2.5 所示。

在数值模型中,假定杂散电流的流入边界为钢轨两侧平行的 4 个输入点,其中左右 2 点的间距和轨道的间距相同,如图 2.6 所示,编号为 1 A~4 A,每个点的输入电压均相同。另一方面,在服役期间盾构管片外侧可能会出现裂缝[38-43],如图 2.7 所示。由于地下水会通过裂缝慢慢渗入管片,使裂缝附近的混凝土含水率增高,电阻也相对较低。电流倾向于从钢筋混凝土结构中电阻最低的边界流出[44],相关足尺试验表明,荷载作用下拱腰 A3 管片外弧面会出现 3 条贯通裂缝,因此数值模型的流出边界设为拱腰 A3 管片外弧面的 3 条外弧面裂缝，如图 2.6 中的 1B～3B。

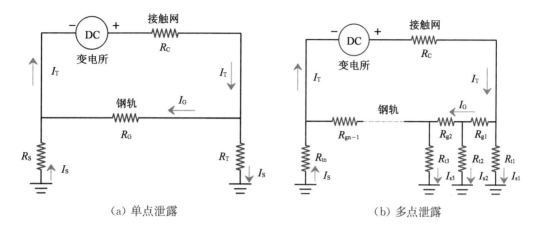

(a) 单点泄露　　　　　　　　　(b) 多点泄露

图 2.5　杂散电流形成的等效电路模式

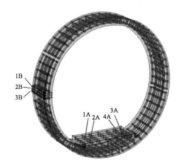

图 2.6　数值模型中杂散电流输入点及输出边界

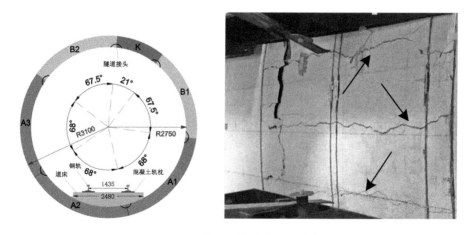

图 2.7　拱腰处管片外弧面裂缝

基于上述假定，杂散电流在混凝土电解质中的分布服从欧姆定律，即

$$\boldsymbol{i}_D = \sigma_D \boldsymbol{E}_D + \boldsymbol{i}_B \tag{2.30}$$

$$\boldsymbol{i}_G = \sigma_G \boldsymbol{E}_G + \boldsymbol{i}_B \tag{2.31}$$

式(2.30)和式(2.31)中,σ_D 和 σ_G 分别为道床混凝土和管片混凝土的电导率(S/m);E_D 和 E_G 分别为道床和管片混凝土的电场强度矢量(V/m);i_B 是由外部电流引起的电流密度(A/m²),这里不考虑其他外部电流影响,假定为 0。而在物体内,电场强度矢量与电势标量的关系为

$$\boldsymbol{E} = -\nabla V \tag{2.32}$$

式(2.32)中,V 为电势标量(V),则在三维方向上的控制方程可表示为

$$-\nabla\delta(\sigma_D \nabla V_D) = \delta Q_D \tag{2.33}$$

$$-\nabla\delta(\sigma_G \nabla V_G) = \delta Q_G \tag{2.34}$$

式(2.33)和式(2.34)中,Q_i 为流出物体外部的电流密度(A/m²),V_D 和 V_G 分别道床和管片混凝土内部的电势(V),δ 是三维物体的厚度(m)。整个方程的边界条件为

$$\begin{cases} V_{\text{point}} = V_0, \\ V_{\text{crack}} = 0 \end{cases} \tag{2.35}$$

式(2.35)中,V_{point} 为模型输入点的电压,V_{crack} 为管片裂缝处的电压。

2) 混凝土电导率参数的选取

混凝土的电导率对管片钢筋电压的计算尤为重要。因此,通过设计足尺试验及建立相等边界的数值模型,综合比选出合适的混凝土电导率参数。

试验选取的管片结构属于盾构隧道外径为 6.2 m,厚度为 0.35 m,环宽为 1.2 m 的标准块管片。上部道床结构的宽度为 2320 mm,其中,管片钢筋的直径均为 16 mm,道床钢筋的直径均为 12 mm,钢筋的分布及空间位置如图 2.8 所示。

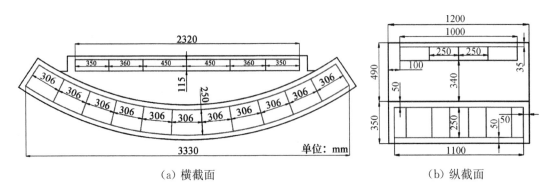

(a) 横截面　　　　　　　　　　(b) 纵截面

图 2.8 道床及管片横纵截面钢筋分布及空间位置示意图(单位:mm)

试验前先在管片上方浇筑底层混凝土结构,然后放置道床钢筋结构,将 4 个测试的输入端与道床钢筋连接,测试点的横向间距为 1435 mm,纵向间距为 300 mm,如图 2.9 所示。以管片底部接触边为电流输出边界,测试时在管片侧部的 6 个不同位置分别打孔,将测试的

输出端与管片钢筋连接,如图 2.10 所示。

图 2.9 模型中电流输入位置

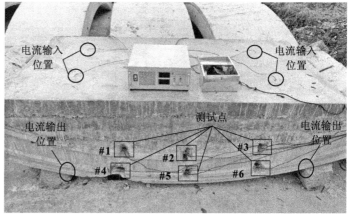

图 2.10 模型中电流输出位置及测点示意图

建立数值模型的几何尺寸及边界条件与足尺试验相同,其中管片混凝土的电导率和道床混凝土的电导率的选取组数如表 2.1 所示。

表 2.1 道床及管片混凝土电导率参数取值表

计算组数	道床混凝土电导率/(10^{-3} S·m^{-1})	管片混凝土电导率/(10^{-3} S·m^{-1})
第1组	0.03	0.03
第2组	0.05	0.05
第3组	0.07	0.07
第4组	0.03	0.05
第5组	0.05	0.03
第6组	0.03	0.07
第7组	0.07	0.03
第8组	0.05	0.07
第9组	0.07	0.05

图 2.11 为每个点的输入电压为 3 V,道床和管片混凝土电阻率为工况 5 时道床及管片钢筋的电压分布图。由图可知,道床钢筋的电压分布为 1.12~3 V,管片钢筋的电压分布为 0.65~1.13 V,两者之间的数值相差了近一倍。

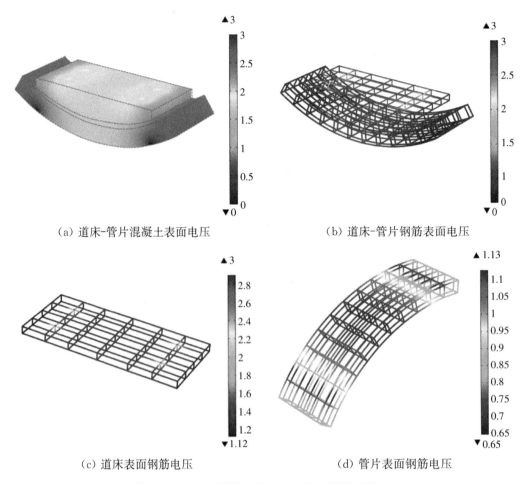

(a) 道床-管片混凝土表面电压　　(b) 道床-管片钢筋表面电压

(c) 道床表面钢筋电压　　(d) 管片表面钢筋电压

图 2.11　道床-盾构管片结构电压分布云图(单位:V)

图 2.12 和图 2.13 为两种输入电压下各个工况的试验与数值计算对比图。可知当计算工况为 5 时,数值计算的结果与试验最为接近,因此在后续的锈层计算中,道床混凝土的电导率取为 0.05×10^{-3} S/m,管片混凝土的电导率取为 0.03×10^{-3} S/m。

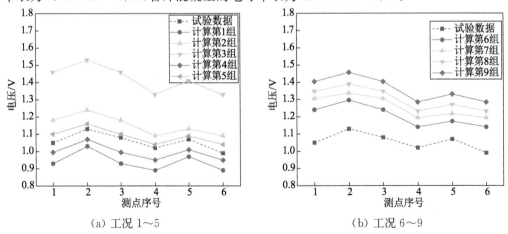

(a) 工况 1～5　　(b) 工况 6～9

图 2.12　输入电压为 3 V 时数值计算与试验的管片电压对比曲线

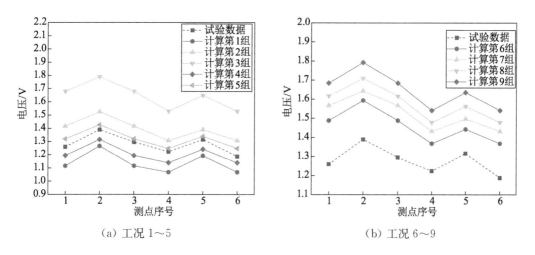

图 2.13 输入电压为 5 V 时数值计算与试验的管片电压对比曲线

2.2 管片临土侧钢筋的锈层分布

2.2.1 拱腰管片钢筋的三维锈层计算方法

试验研究表明,在杂散电流单独作用下钢筋表面的钝化层也会发生破坏,在后续的反应过程中钢筋表面会形成 Fe_2O_3 或 Fe_3O_4 等腐蚀产物[45-46]。其中阳极和阴极的电化学反应式可表示如下:

$$阳极:Fe \longrightarrow Fe^{2+} + 2e^- \tag{2.36}$$

$$阴极:O_2 + 4e^- + 2H_2O \longrightarrow 4OH^- \tag{2.37}$$

根据 Faraday 定律,钢筋表面锈层厚度 $S_{corr}(\theta,t)$ 的计算表达式[47]

$$S_{corr}(\theta,t) = \frac{\int_{t_0}^{t} i_{corr}(\theta,t) dt \cdot M_{Fe}}{\rho_s \cdot F \cdot n_e} \tag{2.38}$$

式(2.38)中,M_{Fe} 为铁元素的摩尔质量,t_0 为钢筋发生锈蚀的初始时间,$n_e=4$ 为电极反应中参与的电子数量,ρ_s 为铁的密度,$F=96\,485$ C/mol 为法拉第常数,θ 为沿钢筋圆周方向的角度,i_{corr} 为钢筋总的腐蚀电流密度。

假定杂散电流的输入输出方式为固定形式,即从钢轨处双边泄露和拱腰管片外弧面裂缝流出,管片外侧表面的氧气浓度及氯离子含量均为恒定值,锈蚀过程中荷载裂缝的形态不发生变化,基于 Bulter-Volmer 方程[48],腐蚀电流密度 i_{corr} 可表示为

$$i_{corr}=i_{Fe}=i_{Fe,exc}\exp\left(2.303\frac{E_e-E_{Fe,eq}}{\beta_{Fe}}\right) \qquad (2.39)$$

式(2.39)中，i_{Fe}为电化学反应过程中阳极的电流密度，E_e为杂散电流作用下钢筋表面的电势，$i_{Fe,exc}$为阳极交换电流密度，$E_{Fe,eq}$为阳极平衡电位，β_{Fe}为阳极塔菲尔(Tafel)斜率，在腐蚀反应过程中，阳极的反应速率还受到阴极反应的限制作用，其关系式[49]为

$$i_{Fe}S_{Fe}=i_{O_2}S_{O_2} \qquad (2.40)$$

式(2.40)中，S_{Fe}和S_{O_2}为电化学反应的阳极面积和阴极面积，i_{O_2}分别为电化学反应过程中阴极的电流密度，其表达式为[50]

$$i_{O_2}=\frac{i_L \cdot i_{O_2,exc}\exp\left(2.303\frac{E_e-E_{O_2,eq}}{\beta_{O_2}}\right)}{i_L+i_{O_2,exc}\exp\left(2.303\frac{E_e-E_{O_2,eq}}{\beta_{O_2}}\right)} \qquad (2.41)$$

式(2.41)中，$i_{O_2,exc}$为阴极交换电流密度，$E_{O_2,eq}$为阴极平衡电位，β_{O_2}为阴极塔菲尔斜率，i_L是极限电流密度。

结合公式(2.38)～(2.41)，则电-化-力三场作用下管片钢筋的锈层计算方程可表示为

$$S_{corr}(\theta,t)=\frac{\int_{t_0}^{t}i_{Fe,exc}\exp\left(2.303\frac{E_e-E_{Fe,eq}}{\beta_{Fe}}\right)dt \cdot M_{Fe}}{\rho_s \cdot F \cdot n_e}$$

$$=\frac{\int_{t_0}^{t}i_L \cdot i_{O_2,exc}\exp\left(2.303\frac{E_e-E_{O_2,eq}}{\beta_{O_2}}\right)dt \cdot M_{Fe} \cdot S_{O_2}}{\left[i_L+i_{O_2,exc}\exp\left(2.303\frac{E_e-E_{O_2,eq}}{\beta_{O_2}}\right)\right]\rho_s \cdot F \cdot n_e \cdot S_{Fe}} \qquad (2.42)$$

由式(2.42)可知，在腐蚀反应过程中，阴极的电流密度大小影响着总的腐蚀电流密度大小，而决定阴极电流密度大小的主要影响因素为氧气的扩散速率及边界含量[51-54]，其原因为计算阴极电流密度的极限电流密度[55]的表达式为

$$i_L=D_{O_2}\frac{n_e F C_{O_2}^s}{d_c(\theta)} \qquad (2.43)$$

$$d_c(\theta)=C_H+\frac{D_S}{2}(1-\cos\theta) \qquad (2.44)$$

式(2.43)和式(2.44)中，D_{O_2}为氧气在混凝土中的有效扩散速率，$C_{O_2}^s$表示混凝土外表面的氧气浓度，取值为0.268 mol/m³，$d_c(\theta)$为氧气从混凝土表面扩散到钢筋表面的有效距离，$0°\leqslant\theta\leqslant180°$，$D_S$和$C_H$分别为钢筋的直径和混凝土保护层厚度。

相关研究表明,在混凝土的开裂区域,氧气的扩散速率与无裂缝区域的扩散速率有所差异,其计算表达式为[55]

$$D_{O_2} = \begin{cases} D_{O_2}^{sound} = 1.92 \times 10^{-6} \times \varepsilon^{1.8} \times \left(1 - \dfrac{RH}{100}\right)^{2.2}, \\ D_{O_2}^{crack} = D_{O_2}^{sound} \cdot (w_{eff}/w_{cr})^3, \end{cases} \quad (2.45)$$

式(2.45)中,RH 为混凝土的相对湿度,ε 为混凝土的孔隙率,取值 0.31。w_{cr} 为临界裂纹宽度,取值为 0.1 mm[56],w_{eff} 为实际混凝土表面的裂纹宽度。

除此之外,相关试验研究表明,氯离子含量的增加会显著影响电化学参数[57-60],包括阳极 Tafel 斜率和阳极平衡电位,本文采用 Hussian[57] 和 Xia 等[58] 的修正方程进行计算。Hussian[57] 基于 Nernst 方程,结合试验数据对阳极的平衡电位计算公式进行了修正,即

$$E_{Fe,eq} = E_{Fe}^{\ominus} + \dfrac{RT}{z_{Fe}F} \cdot \ln C_{Fe^{2+}} \cdot F_{Cl} \quad (2.46)$$

$$F_{Cl} = 1 + 3 \times 10^{-3} \ln(10^4 \cdot C_{Cl,f}) + \dfrac{1.2 C_{Cl,f}}{C_{Cl,f} + 1} \quad (2.47)$$

式(2.46)中,$E_{Fe}^{\ominus}$ 为铁的标准半电池电位,z_{Fe} 为 Fe 在反应中转移的电子数,取值为 2,$C_{Fe^{2+}}$ 代表亚铁离子的含量,F_{Cl} 为自由氯离子含量对阳极平衡电势的影响系数,$C_{Cl,f}$ 代表电解质中自由氯离子含量。

Xia 等[58] 基于 Nernst 方程,结合相关试验数据对阳极塔菲尔斜率进行了修正,即

$$\beta_{Fe} = \left(\dfrac{2.303 RT}{0.5 z_{Fe} F}\right) \cdot f_p \quad (2.48)$$

$$f_p = 0.525 \times C_{Cl,f}^{-1.126} + 1 \quad (2.49)$$

式(2.48)中,f_p 为自由氯离子含量对阳极塔菲尔斜率的影响系数。

将混凝土作为电解质,电流密度与电势的关系式[61]可表示为

$$i_{corr} = \sigma_H \nabla E \quad (2.50)$$

式(2.50)中,σ_H 为混凝土电导率,则混凝土电势分布的控制方程[61]为

$$\nabla(\sigma_H \nabla E) = 0 \quad (2.51)$$

计算流程如图 2.14 所示。

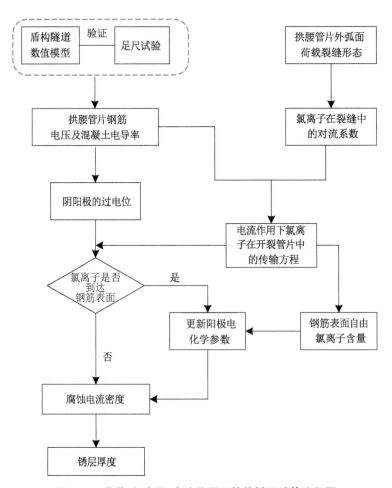

图 2.14　荷载-氯离子-电流作用下管片锈层计算流程图

计算时相应的电化学参数取值如表 2.2 所示。

表 2.2　电化学参数取值表

参数	名称	数值及单位
β_{Fe}^0	初始状态的阳极塔菲尔斜率	0.06 V/dec
β_{O_2}	阴极塔菲尔斜率	0.16 V/dec
E_{Fe}^0	阳极标准半电池电位	−0.78 V
$E_{O_2, eq}$	阴极平衡电位	0.16 V
$i_{Fe, exc}$	阳极交换电流密度	1.875×10^{-4} A/m²
$i_{O_2, exc}$	阴极交换电流密度	6.25×10^{-6} A/m²

2.2.2　拱腰管片钢筋的锈蚀区域

基于 2.2.1 节的锈层计算方程及 2.1.3 节的杂散电流输出模式,选取输入电压为 1 V,

道床混凝土和管片混凝土的电导率分别取为 0.05×10^{-3} S/m 和 0.03×10^{-3} S/m,输出边界为2.2.1节计算得出的三条外弧面裂缝,建立整环的盾构隧道计算模型。盾构隧道钢筋电压、A3管片钢筋电压、A3管片钢筋半电池电位分布云图如图2.15～图2.17所示。

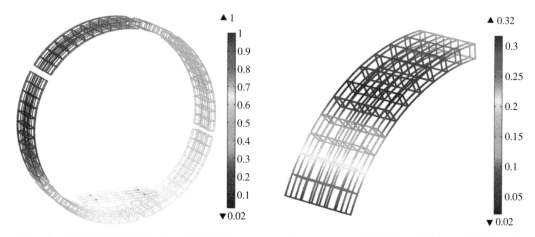

图 2.15　盾构隧道钢筋电压分布云图(单位:V)　　图 2.16　A3 管片钢筋电压分布云图(单位:V)

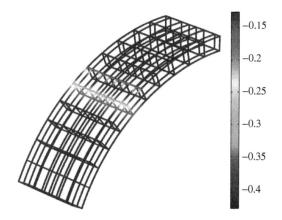

图 2.17　A3 管片半电池电位分布云图(单位:V)

由图可知,盾构隧道钢筋的电压分布范围为 0.03～0.65 V,A3 管片的电压分布范围为 0.01～0.3 V,A3 管片半电池电位分布范围为 -0.43～-0.16 V,根据规范《建筑结构检测技术标准》(GB/T 50344—2019)和《混凝土中钢筋检测技术标准》(JGJ/T 152—2019)对钢筋锈蚀状态的判定表明,当钢筋半电池电位小于 -350 mV 时发生锈蚀的概率超过 90%,如表2.3和表2.4所示,可看出 A3 管片钢筋发生锈蚀的区域位于 A3 管片裂缝段的 8 根外排主筋。

表 2.3 钢筋锈蚀状况判别

序号	钢筋电位/mV	钢筋锈蚀状况判别
1	-500~-350	钢筋发生锈蚀的概率为 95%
2	>-350~-200	钢筋发生锈蚀的概率为 50%，可能存在坑蚀现象
3	-200 以上	无锈蚀活动性或锈蚀活动性不确定，锈蚀概率为 5%

表 2.4 半电池电位值评价钢筋锈蚀性状的判据

电位水平/mV	钢筋锈蚀性状
>-200	不发生锈蚀的概率>90%
-200~-350	锈蚀性状不确定
<-350	发生锈蚀的概率>90%

图 2.18 为 A3 管片钢筋的腐蚀电流密度分布云图，可看出 A3 管片裂缝段 8 根主筋的腐蚀电流密度最高达到了 4 μA/cm²，根据规范《建筑结构检测技术标准》(GB/T 50344—2019)对钢筋锈蚀速率和构件保护层出现损伤年数判别，其钢筋的锈蚀速率属于中等锈蚀速率，构件保护层出现损伤的年数为 2~10 a，如表 2.5 所示。

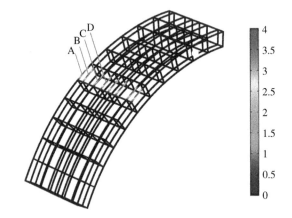

图 2.18 A3 管片钢筋腐蚀电流密度分布(单位:μA/cm²)

表 2.5 钢筋锈蚀速率和构件保护层出现损伤年数判别

序号	锈蚀电流/(μA/cm²)	锈蚀速率	构件保护层出现损伤年数
1	<0.2	钝化状态	—
2	0.2~<0.5	低锈蚀速率	>15 a
3	0.5~<1.0	中等锈蚀速率	10~15 a
4	1.0~<10	高锈蚀速率	2~10 a
5	≥10	极高锈蚀速率	不足 2 a

2.2.3 拱腰管片钢筋锈层形态的分布特征

1) 钢筋纵向锈层分布形态

考虑到管片钢筋为左右对称分布,取裂缝段外排靠左的 4 根主筋作为锈层分析对象,分别命名为 A、B、C、D,如图 2.18 所示。以♯A 钢筋作为分析对象,分别研究不同时间段、管片弯矩、氯离子含量、输入电压情况下在 0°方向的钢筋锈层变化规律,其中 0°为垂直指向外弧面管片的方向。

图 2.19 为氯离子含量为 0.4%、管片弯矩为 260 kN·m、输入电压为 1 V 时♯A 钢筋在不同时间点的锈层曲线。由图可知,曲线共出现了 3 个波峰和 2 个波谷,波峰的位置位于荷载裂缝下方,在钢筋弧长的对应横坐标为 55 mm(F1)、150 mm(F2)、245 mm(F3)、95 mm(G1)、200 mm(G2),波峰的大小排序为 F2>F3>F1,波谷的大小排序为 G2>G1。

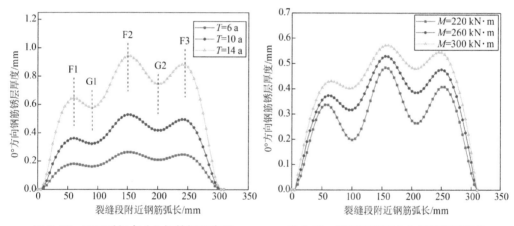

图 2.19 不同时间点♯A 钢筋锈层变化　　图 2.20 不同弯矩下♯A 钢筋锈层变化

图 2.20～图 2.22 分别为锈蚀时间为 10 a 时,♯A 钢筋在不同因素作用下的锈层变化曲线,对比可知不同因素对波峰和波谷的影响程度差异较大,但波峰及波谷的大小排序并未发生改变。

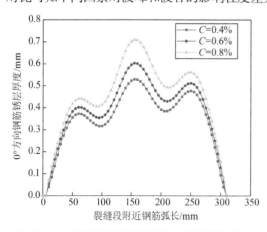
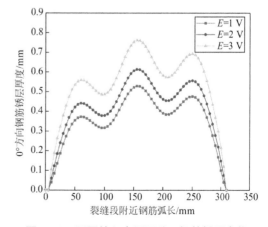

图 2.21 不同氯离子含量下♯A 钢筋锈层变化　　图 2.22 不同输入电压下♯A 钢筋锈层变化

图 2.23 为不同时间段各个波峰及波谷的锈层变化曲线,可知波峰 F3 和 F2 的增长斜率略大于其余的曲线斜率,当锈蚀时间从 6 a 增长到 14 a 时,F1～F3 及 G1～G2 的锈层厚度分别增加了 2.53 倍、2.64 倍、2.62 倍、2.51 倍、2.56 倍。

在不同弯矩作用下各个波峰和波谷的锈层厚度分别增加了 23%、25%、27%、102%、98%,尤其是波谷的增长斜率明显比波峰的大,如图 2.24 所示。对比图 2.25 和图 2.26 可知,不同杂散电流下各个波峰及波谷的增长斜率均相同,而不同氯离子含量下的波峰 B2 的锈层厚度增量最大,波峰 B1 的锈层厚度增量最小,说明氯离子含量及荷载大小均会改变各个波峰及波谷的增长斜率,而杂散电流对各个波峰及波谷的影响程度相同。

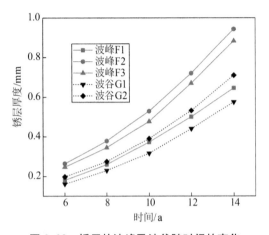

图 2.23 锈层的波峰及波谷随时间的变化

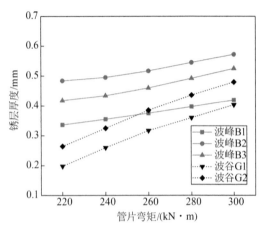

图 2.24 锈层的波峰及波谷随荷载的变化

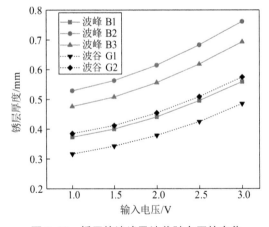

图 2.25 锈层的波峰及波谷随电压的变化

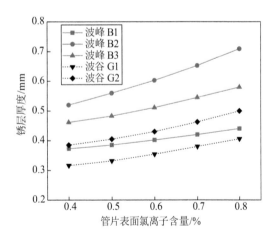

图 2.26 锈层的波峰及波谷随离子含量的变化

2) 钢筋环向锈层分布形态

取图 2.19 的 F2 截面处♯A 钢筋的环向锈层变化进行分析,其中 0°为垂直指向外弧面管片的方向,如图 2.27～图 2.30 所示,可知锈层呈椭圆形态分布,在 0°截面的锈层厚度均为最大,180°截面的锈层厚度均为最小,但不同因素对各个截面的影响程度不同,如管片弯矩从 220 kN·m 增大到 300 kN·m 时,0°的锈层厚度增加了 18%,180°的锈层厚度增加了 5%;氯离子含量从 0.4% 增大到 0.8% 时,0°的锈层厚度增加了 32%,180°的锈层厚度增加了 27%;输入电压从 1 V 增大到 3 V 时,0°的锈层厚度增加了 42%,180°的锈层厚度增加了 42%。

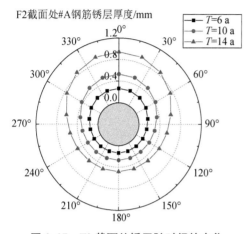

图 2.27 F2 截面处锈层随时间的变化

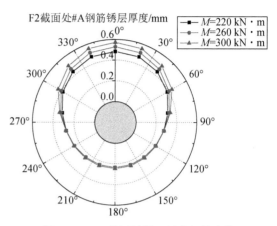

图 2.28 F2 截面处锈层随弯矩的变化

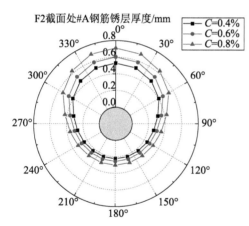

图 2.29 F2 截面处锈层随氯离子含量变化

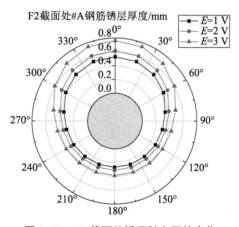

图 2.30 F2 截面处锈层随电压的变化

定义钢筋在同一截面处最小锈层与最大锈层的比值为不均匀锈蚀系数 α,对 F2 截面处 #A~#D 钢筋的不均匀锈蚀系数进行分析,如图 2.31 所示,可知各个钢筋的不均匀锈蚀系数均随时间呈线性减小,且各个钢筋不均匀锈蚀系数的排序为 #D>#C>#B>#A;对比图 2.32~图 2.34 发现,管片弯矩对钢筋不均匀锈蚀系数的影响程度大于氯离子含量的影响,而外部电压的变化不会对钢筋的不均匀锈蚀系数产生影响,即钢筋在不同角度的锈层在等比例地增加。

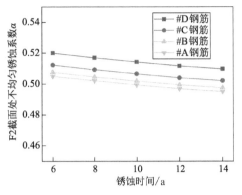

图2.31 不均匀锈蚀系数随时间的变化

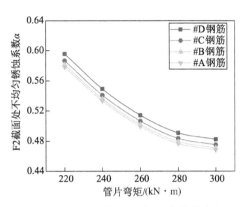

图2.32 不均匀锈蚀系数随荷载的变化

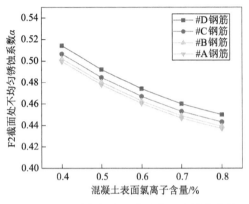

图2.33 不均匀锈蚀系数随离子含量的变化

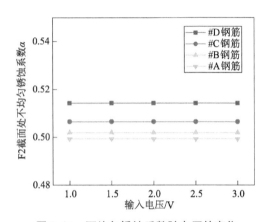

图2.34 不均匀锈蚀系数随电压的变化

3) 三维整体形态描述

取#A钢筋锈蚀10 a时在裂缝段的锈层进行分析,将钢筋沿0°方向平面展开,形成的三维锈层形态如图2.35所示,图2.36为三维锈层形态的俯视图。

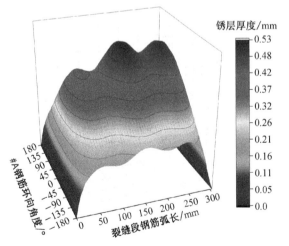

图2.35 #A钢筋展开后三维锈层整体形态

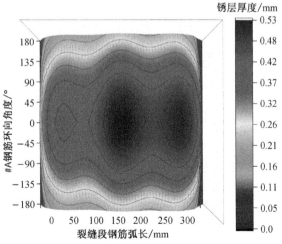

图2.36 #A钢筋展开后三维锈层形态的俯视图

由图可知，管片钢筋的锈层分布形态类似于高斯混合函数（GMM），其锈层厚度 S_{corr} 的表达式可近似表示为

$$S_{\text{corr}} = \sum_{k=1}^{K} w_k \cdot N(\boldsymbol{x} | \boldsymbol{\alpha}_k, \boldsymbol{\Sigma}_k) = \sum_{k=1}^{K} w_k \frac{1}{(2\pi)^{d/2} |\boldsymbol{\Sigma}_k|^{1/2}} \exp\left[-\frac{1}{2}(\boldsymbol{x}_k - \boldsymbol{\alpha}_k)^{\text{T}} \boldsymbol{\Sigma}_k^{-1} (\boldsymbol{x}_k - \boldsymbol{\alpha}_k)\right] \tag{2.52}$$

式(2.52)中，K 为高斯分布的个数，d 为数据的维度，w_k 为混合比，$\boldsymbol{\alpha}_k$ 为模型的均值，$\boldsymbol{\Sigma}_k$ 为模型的协方差矩阵，其表达式为

$$\boldsymbol{\Sigma}_k = \begin{pmatrix} \text{Cov}(X,X) & \text{Cov}(X,Y) \\ \text{Cov}(Y,X) & \text{Cov}(Y,Y) \end{pmatrix} \tag{2.53}$$

式(2.53)中，$\text{Cov}(X,X)$、$\text{Cov}(X,Y)$、$\text{Cov}(Y,X)$、$\text{Cov}(Y,Y)$ 表示协方差矩阵的各个分量，其计算表达式为

$$\begin{aligned} \text{Cov}(X,X) &= E\{[X-E(X)]^2\} \\ \text{Cov}(X,Y) &= E\{[X-E(X)][Y-E(Y)]\} \\ \text{Cov}(Y,X) &= E\{[Y-E(Y)][X-E(X)]\} \\ \text{Cov}(Y,Y) &= E\{[Y-E(Y)]^2\} \end{aligned} \tag{2.54}$$

本文计算出来的锈层高斯分布个数 K 为3，三个高斯分布的均值 $\boldsymbol{\alpha}_k$ 由裂缝的位置决定，分别为(55,0)、(150,0)、(245,0)，且随机变量 X 和 Y 相互独立，协方差矩阵中 $\text{Cov}(X,Y)$ 和 $\text{Cov}(Y,X)$ 的值均为0，因此剩余需要求解的变量为混合比 w_1、w_2、w_3 及协方差 $\text{Cov}(X,X)$ 和 $\text{Cov}(Y,Y)$。

为了求解锈层分布模型中混合比及协方差矩阵变量，采用EM算法进行求解，其计算步骤如下：

(1) 初步赋值：对变量 w_k 及 $\boldsymbol{\Sigma}_k$ 设置初始值。

(2) 用初始化参数计算后验概率(E-step)，即

$$\gamma(z_k) = \frac{w_k N(\boldsymbol{x} | \boldsymbol{\mu}_k, \boldsymbol{\Sigma}_k)}{\sum_{k=1}^{K} w_k N(\boldsymbol{x} | \boldsymbol{\mu}_k, \boldsymbol{\Sigma}_k)} \tag{2.55}$$

(3) 根据E-step计算后验概率，再计算变量 w_k 及 $\boldsymbol{\Sigma}_k$ 新的数值(M-step)，即

$$\boldsymbol{\Sigma}_k^{\text{new}} = \frac{1}{N_k} \sum_{n=1}^{N} \gamma(z_k)(\boldsymbol{x}_n - \boldsymbol{\mu}_k^{\text{new}})(\boldsymbol{x}_n - \boldsymbol{\mu}_k^{\text{new}})^{\text{T}} \tag{2.56}$$

$$w_k^{\text{new}} = \frac{N_k}{N} \tag{2.57}$$

$$N_k = \sum_{n=1}^{N} \gamma(z_k) \tag{2.58}$$

(4)交替重复步骤(2)和(3)更新相关参数,当前后迭代的差值小于 0.01 则结束。

参考文献

[1] 刘四进,何川,孙齐,等.腐蚀离子环境中盾构隧道衬砌结构侵蚀劣化机理[J].中国公路学报,2017,30(8):125-133.

[2] 刘志勇,汤安琪,王加佩,等.非饱和水泥基复合材料的氯离子传输性能研究进展[J].材料导报,2020,34(15):15083-15091.

[3] NEMECEK J, KRUIS J, KOUDELKA T, et al. Simulation of chloride migration in reinforced concrete[J]. Applied mathematics and computation, 2018, 319:575-585.

[4] ROY Y, WARSINGER D M, LIENHARD J H V. Effect of temperature on ion transport in nanofiltration membranes: Diffusion, convection and electromigration[J]. Desalination, 2017, 420:241-257.

[5] ZHANG Y, LUZIO G, ALNAGGAR M. Coupled multi-physics simulation of chloride diffusion in saturated and unsaturated concrete[J]. Construction and building materials, 2021, 292:123394.

[6] ISHIDA T, IQBAL P O, ANH H T L. Modeling of chloride diffusivity coupled with non-linear binding capacity in sound and cracked concrete [J]. Cement and concrete research, 2009, 39: 913-923.

[7] ZHANG Y, YE G. A model for predicting the relative chloride diffusion coefficient in unsaturated cementitious materials [J]. Cement and concrete research, 2019, 115: 133-144.

[8] WU L J, Wang Y Z, Wang Y C, et al. Modelling of two-dimensional chloride diffusion concentrations considering the heterogeneity of concrete materials[J]. Construction and building materials, 2020, 243:118213.

[9] GERALDES V, ALVES A M. Computer program for simulation of mass transport in nanofiltration membranes[J]. Journal of membrane science, 2008, 321:172-182.

[10] DJERBI A, BONNET S, KHELIDJ A, et al. Influence of traversing crack on chloride diffusion into concrete[J]. Cement and concrete research, 2008, 38(6):877-883.

[11] WANG H L, DAI J G, SUN X Y, et al. Characteristics of concrete cracks and their influence on chloride penetration [J]. Construction and building materials, 2016, 107:216-225.

[12] ZACCHEI E, NOGUERIA C G. Chloride diffusion assessment in RC structures considering the stress-strain state effects and crack width influences[J]. Construction and

building materials, 2019, 201:100-109.

[13] PARK S S, KWON S J, JUNG S H. Analysis technique for chloride penetration in cracked concrete using equivalent diffusion and permeation[J]. Construction and building materials, 2012, 29:183-192.

[14] ZHANG S F, LU C H, LIU R G. Experimental determination of chloride penetration in cracked concrete beams[J]. Procedia engineering, 2011, 24:380-384.

[15] ZHOU C S. Predicting water permeability and relative gas permeability of unsaturated cement-based material from hydraulic diffusivity[J]. Cement and concrete research, 2014, 58:143-151.

[16] LI D W, WANG X F, LI L Y. An analytical solution for chloride diffusion in concrete with considering binding effect[J]. Ocean engineering, 2019, 191:106549.

[17] ZHANG C L, CHEN W K, MU S, et al. Numerical investigation of external sulfate attack and its effect on chloride binding and diffusion in concrete[J]. Construction and building materials, 2021, 285:122806.

[18] CAO C, CHEUNG M M S. Non-uniform rust expansion for chloride-induced pitting corrosion in RC structures[J]. Construction and building materials, 2014, 51:75-81.

[19] XIA J, CHENG X, LIU Q F, et al. Effect of the stirrup on the transport of chloride ions during electrochemical chloride removal in concrete structures[J]. Construction and building materials, 2020, 250:118898.

[20] MARTIN B, ZIBARA H, HOOTON R, et al. A study of the effect of chloride binding on service life predictions[J]. Cement and concrete research, 2019, 115:133-144.

[21] XU F, XIAO Y F, WANG S G, et al. Numerical model for corrosion rate of steel reinforcement in cracked reinforced concrete structure[J]. Construction and building materials, 2018, 180:55-67.

[22] PENG J X, HU S W, ZHANG J R, et al. Influence of cracks on chloride diffusivity in concrete: A five-phase mesoscale model approach[J]. Construction and building materials, 2018, 197:587-596.

[23] ZHOU C S, CHEN W, WANG W, et al. Indirect assessment of hydraulic diffusivity and permeability for unsaturated cement-based material from sorptivity[J]. Cement and concrete research, 2016, 82:117-129.

[24] ZHOU C S, CHEN W, WANG W, et al. Unified determination of relative molecular diffusivity and fluid permeability for partially saturated cement-based materials[J]. Cement and concrete research, 2015, 67:300-309.

[25] MESCHKE G, GRASBERGER S. Numerical modeling of coupled hygromechanical

degradation of cementitious materials[J]. Journal of engineering mechanics, 2003, 129(4):383-392.

[26] SHIN K J, BAE W, CHOI S W, et al. Parameters influencing water permeability coefficient of cracked concrete specimens[J]. Construction and building materials, 2017, 151:907-915.

[27] 尹玉明,赵伶玲.离子浓度及表面结构对岩石孔隙内水流动特性的影响[J].物理学报,2020,69(5):123-131.

[28] 余朔,金浩,毕湘利.荷载裂缝几何形态对管片外排钢筋锈层分布的影响[J].工程力学,2020,37(4):118-128.

[29] ZHANG P, WITTMANN F H, ZHAO T, et al. Neutron imaging of water penetration into cracked steel reinforced concrete[J]. Physica B, 2010, 405(7):1866-1871.

[30] CHARALAMBOUS C A, AYLOTT P. Dynamic stray current evaluations on cut-and-cover sections of DC metro systems[J]. IEEE Transactions on vehicular technology, 2014, 63(8):3530-3538.

[31] CHEN Z G, QIN C K, Tang J X, et al. Experiment research of dynamic stray current interference on buried gas pipeline from urban rail transit[J]. Journal of natural gas science and engineering, 2013, 15:76-81.

[32] ZAKOWSKI K, DAROWICKI K, ORLIKOWSKI J, et al. Electrolytic corrosion of water pipeline system in the remote distance from stray currents: case study[J]. Case studies in construction materials, 2016, 4:116-124.

[33] CUI G, LI Z L, YANG C, et al. The influence of DC stray current on pipeline corrosion[J]. Petroleum science, 2016, 13:135-145.

[34] DOLARA A, FOIADELLI F, LEVA S. Stray current effects mitigation in subway tunnels[J]. IEEE Transactions on power delivery, 2012, 27(4):2304-2311.

[35] COTTON I, CHARALAMBOUS C, AYLOTT P, et al. Stray current control in DC mass transit systems[J]. IEEE Transactions on vehicular technology, 2005, 54(2):722-730.

[36] METWALLY I A, MANDHARI H M, NADIR Z, et al. Boundary element simulation of DC stray currents in oil industry due to cathodic protection interference[J]. European transactions on electrical power, 2007, 17(5):486-499.

[37] SANDROLINI L. Analysis of the insulation resistances of a high-speed rail transit system viaduct for the assessment of stray current interference. Part 2:modelling[J]. Electric power systems research, 2013, 103:248-254.

[38] 谢家冲,王金昌,黄伟明,等.软土地区盾构隧道管片开裂特性实测分析及影响因素研

究[J]. 隧道建设(中英文),2020, 40(S2):180-187.

[39] 凌同华,张亮,谷淡平,等. 背后存在空洞时盾构隧道管片的开裂机理及承载能力分析[J]. 铁道科学与工程学报, 2018, 15(9):2293-2300.

[40] CHEN J S, MO H H. Numerical study on crack problems in segments of shield tunnel using finite element method[J]. Tunnelling and underground space technology, 2009, 24(1):91-102.

[41] LIU J W, SHAI C H, LEI M F, et al. A study on damage mechanism modelling of shield tunnel under unloading based on damage-plasticity model of concrete[J]. Engineering failure analysis, 2021, 123:105261.

[42] WANG S M, LIU C K, SHAO Z M, et al. Experimental study on damage evolution characteristics of segment structure of shield tunnel with cracks based on acoustic emission information[J]. Engineering failure analysis, 2020, 118:104899.

[43] XU G W, HE C, LU D Y, et al. The influence of longitudinal crack on mechanical behavior of shield tunnel lining in soft-hard composite strata[J]. Thin-walled structures, 2019,144:106282.

[44] ALAMUTI M M, NOURI H, JAMALI S. Effects of earthing systems on stray current for corrosion and safety behaviour in a practical metro systems[J]. IET Electrical systems in transportation, 2011, 1(2):69-79.

[45] PAGUTSAS M, PAVLIDOU M, PAOADOPOULOU S, et al. Chlorates induce pitting corrosion of iron in sulfuric acid solutions: an analysis based on current oscillations and a point defect model[J]. Chemical physics letters, 2007, 434:63-67.

[46] TOPCU I, BOGA A R, HOCAOGLU F. Modeling corrosion currents of reinforced concrete using ANN [J]. Automation in construction, 2009:145-152.

[47] MICHEL A, SOLGAARD A, GEIKER M, et al. Modeling formation of cracks in concrete cover due to reinforcement corrosion[C]//Framcos7-International conference on fracture mechanics of concrete and concrete structures,2010.

[48] CHEUNG M M S, CAO C. Application of cathodic protection for controlling macrocell corrosion in chloride contaminated RC structures[J]. Construction and building materials, 2013, 45:199-207.

[49] YU B, LIU J B, LI B. Improved numerical model for steel reinforcement corrosion in concrete considering influences of temperature and relative humidity[J]. Construction and building materials, 2017,142:175-186.

[50] KIM C Y, KIM J K. Numerical analysis of localized steel corrosion in concrete[J]. Construction and building materials, 2008, 22(6):1129-1136.

[51] HUSSAIN R R, ISHIDA T. Development of numerical model for FEM computation of oxygen transport through porous media coupled with micro-cell corrosion model of steel in concrete structures[J]. Computers and structures, 2010, 88:639-647.

[52] KHATAMI D, HAJILAR S, SHAFEI B. Investigation of oxygen diffusion and corrosion potential in steel-reinforced concrete through an experimentally-supported cellular automaton framework[J]. Corrosion science, 2021, 187:109496.

[53] YU Y G, GAO W, CASTEL A, et al. Modelling steel corrosion under concrete non-uniformity and structural defects [J]. Cement and concrete research, 2020, 135:106109.

[54] 房久鑫. 氯盐环境下混凝土内部钢筋的腐蚀机理和模拟研究[D]. 杭州:浙江大学, 2017.

[55] CAO C, CHEUNG M M S, CHAN B Y. Modelling of interaction between corrosion-induced concrete cover crack and steel corrosion rate[J]. Corrosion science, 2013, 69:97-109.

[56] REINHARDET H W, JOOSS M. Permeability and self-healing of cracked concrete as a function of temperature and crack width[J]. Cement and concrete research, 2003, 33(7):981-985.

[57] HUSSAIN R. Enhanced classical tafel diagram model for corrosion of steel in chloride contaminated concrete and the experimental non-linear effect of temperature[J]. International journal of concrete structures and materials, 2010, 4(2):71-75.

[58] XIA J, LI T, FANG J X, et al. Numerical simulation of steel corrosion in chloride contaminated concrete[J]. Construction and building materials, 2019, 228:116745.

[59] MAEKAWA K, ISHIDA T, KISHI, T. Multi-scale modeling of concrete performance[J]. Journal of advanced concrete technology, 2003, 1(2):91-126.

[60] HUSSAIN R R, ISHIDA T. Enhanced electro-chemical corrosion model for reinforced concrete under severe coupled action of chloride and temperature[J]. Construction and building materials, 2011, 25(3):1305-1315.

[61] LAURENS S, HÉNOCQ P, ROULEAU N, et al. Steady-state polarization response of chloride-induced macrocell corrosion systems in steel reinforced concrete:numerical and experimental investigations[J]. Cement and concrete research, 2016, 79:272-290.

第 3 章
考虑混凝土塑性耗散的 CDM-XFEM

要准确模拟盾构隧道临土侧管片外弧面的裂缝形态，前提是采用精确且高效的混凝土裂缝计算方法。目前，连续损伤力学（Continuous Damage Mechanics, CDM）方法结合扩展有限单元法（Extended Finite Element Method, XFEM）的 CDM-XFEM 方法，能够有效模拟微裂缝至宏观裂缝的整个过程，但忽略了宏观裂缝出现时产生的塑性应变。另一方面，现有的裂缝水平集更新过程中，重复的初值化流程让裂缝的扩展分析变得非常耗时。

因此，本章通过改进 CDM-XFEM 之间的裂缝能量转化模式，采用高次函数优化距离正则化项，形成改进型 CDM-XFEM 方法。另外，利用无切口钢筋混凝土三点受弯开裂试验、双切口混凝土受剪拉开裂试验、拱腰管片受弯开裂试验进行综合对比，验证改进型 CDM-XFEM 方法在裂缝计算方面的准确性和高效性。

3.1 CDM-XFEM 计算裂缝的原理

混凝土的开裂主要包含微裂缝的出现及宏观裂缝的扩展两个过程。为了能够更准确地描述整个开裂过程，CDM-XFEM 裂缝计算方法被 Comi 等[1]学者提出。该方法原理为：当损伤因子 d 小于临界值时，基于连续损伤力学（CDM）描述微裂缝的发展，当损伤因子 d 大于临界值 d_{cr} 时，将损伤模型所需耗散的剩余能量转移到黏结裂缝模型中，采用扩展有限单元法（XFEM）描述宏观裂缝的张开规律，如图 3.1 所示，其计算过程主要包含 4 个部分，如图 3.2 所示，具体步骤如下：

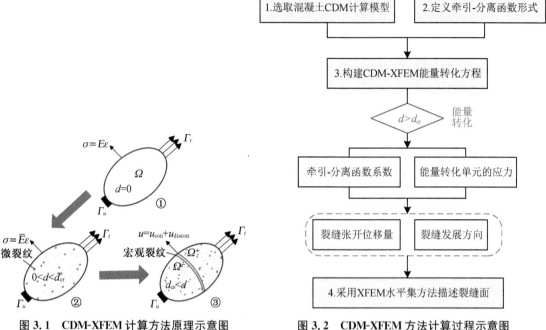

图 3.1 CDM-XFEM 计算方法原理示意图　　图 3.2 CDM-XFEM 方法计算过程示意图

1) 选取混凝土 CDM 计算模型

选取混凝土 CDM 计算模型的目的有两点：一是通过计算损伤因子来作为 CDM-XFEM 之间能量转化的依据；二是计算损伤单元的应力来判定宏观裂缝发展的方向。目前，常用的混凝土连续损伤模型主要为弹性损伤模型及弹塑性损伤模型，两者的区别在于弹性损伤模型仅考虑混凝土加载过程中材料刚度发生退化，即弹性模量减小，而弹塑性损伤本构既考虑了材料刚度发生退化，又考虑了材料的不可逆变形，如图 3.3 和图 3.4 所示。

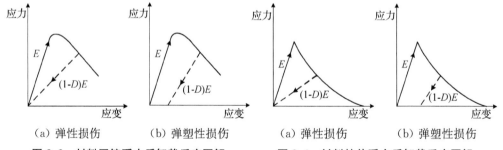

图 3.3　材料压缩受力后卸载反应图解　　图 3.4　材料拉伸受力后卸载反应图解

2) 定义 XFEM 黏结裂缝单元的牵引-分离函数形式

目前 CDM-XFEM 计算模型中均不考虑黏结裂缝单元的切向牵引力 τ_s，仅考虑黏结裂缝的法向牵引力 τ_n，即用于分析 Ⅰ 型裂纹，又因为管片外弧面裂缝属于 Ⅰ 型张开裂缝，所以本文只考虑裂缝间的法向牵引力，其牵引-分离函数体现的是裂缝张开量与裂缝间牵引力的相互关系，常用的牵引-分离函数主要包括线型、双折线型、多项式型及指数型，如图 3.5 所

示。计算表达式:

$$\begin{cases} \tau_{n1}=au+b, \\ \tau_{n2}=au+b(u\leqslant u_0) \quad 或 \quad \tau_{n2}=cu+d(u>u_0), \\ \tau_{n3}=au^3+bu^2+cu+d, \\ \tau_{n4}=ae^{bu}, \end{cases} \quad (3.1)$$

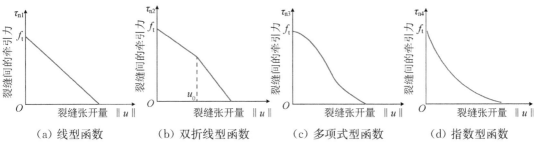

(a) 线型函数　　(b) 双折线型函数　　(c) 多项式型函数　　(d) 指数型函数

图 3.5　黏结裂缝单元的牵引-分离函数类型

由上式可知,第一种函数求取的参数最少,但相关研究表明,采用线型函数表达牵引-分离法则计算得出的裂缝与实际裂缝相差较大[2];第二种函数常用于描述有机材料间的黏结关系,第三种函数常用于描述复合层间板的黏结关系,对于混凝土材料并不适用,且第二种和第三种函数需求取的未知变量数分别为 3 和 4,需引入较多的边界条件才能求取相应系数[3];第四种采用了指数型函数来表示,不仅能描述混凝土材料裂缝张开与牵引力之间的非线性关系,而且求解的未知变量也较少。因此,在本文的研究中也选择指数型函数来表达黏结裂缝的牵引-分离关系。

3) 假定 CDM 与 XFEM 的能量转化模式

形成 CDM-XFEM 的能量转化方程的核心是将损伤模型的剩余所需耗散能准确地转移到黏结裂缝模型中,通过满足边界条件来求取裂缝单元的牵引-分离函数的参数。目前应用比较广泛的为以下两种转化类型:

一种是假定能量发生转化时(即 $D=D_{cr}$)两者对应的临界应力相等,并且自定义垂线作为能量分割线,如图 3.6 所示,该类型由 Roth 等[4]提出,通过面积及应力相等的边界条件形成了能量转化方程,即式(3.2)~式(3.4)。

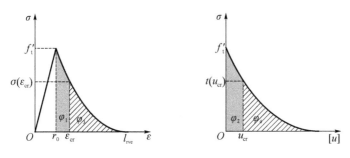

图 3.6　Roth 等提出的能量转化原理示意图

$$\Psi_1 = \Psi_2 \Rightarrow \int_{r_0}^{\varepsilon_{cr}} \sigma(\bar{\varepsilon}) \mathrm{d}\bar{\varepsilon} = \int_0^{u_{cr}} \sigma(u) \mathrm{d}u \tag{3.2}$$

$$\Psi_3 = \Psi_4 \Rightarrow \int_{\varepsilon_{cr}}^{\infty} \sigma(\bar{\varepsilon}) \mathrm{d}\bar{\varepsilon} = \int_{u_{cr}}^{\infty} \sigma(u) \mathrm{d}u \tag{3.3}$$

$$\sigma(\varepsilon_{cr}) = \tau(u_{cr}) \tag{3.4}$$

另外一种是假定能量发生转化时(即 $D=D_{cr}$)应变 ε 达到临界应变 ε_{cr},并且能量发生回弹,如图 3.7 所示,该类型由 Comi 等[1]提出,考虑了出现宏观裂缝时材料刚度发生退化,通过面积等效形成了能量转化方程,即式(3.5)和式(3.7)。

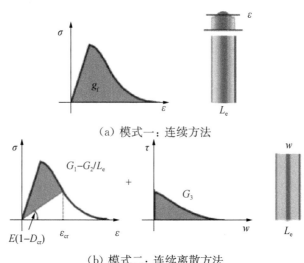

(a) 模式一:连续方法

(b) 模式二:连续离散方法

图 3.7　Comi 等提出的能量转化原理示意图

$$G_3 = G_C - G_1 + G_2 = \int_{\varepsilon_{cr}}^{\infty} \lambda_{cr}(\varepsilon) \sigma(\varepsilon) \mathrm{d}\varepsilon + \frac{1}{2}(1-D_{cr}) E \varepsilon_{cr}^2 L_e$$

$$= \frac{1}{\sqrt{2}} \pi l E c \left\{ \int_{\varepsilon_{cr}}^{\infty} \frac{2}{\sqrt{\ln\left[\frac{2}{n}(\beta E \varepsilon)^{\frac{2}{n}}\right]}} \exp[-(\beta E \varepsilon)^{\frac{2}{n}}] \varepsilon \mathrm{d}\varepsilon + \frac{\exp[-(\beta E \varepsilon)^{\frac{2}{n}}]}{\sqrt{\ln\left[\frac{2}{n}(\beta E \varepsilon)^{\frac{2}{n}}\right]}} \varepsilon_{cr}^2 \right\} \tag{3.5}$$

$$G_3' = \frac{1}{\sqrt{2}} \frac{\pi l E c \varepsilon_{cr}^2}{\sqrt{\ln\left[\frac{2}{n}(\beta E \varepsilon)^{2/n}\right]}} \left\{ \frac{1}{\left(\frac{\varepsilon_{cr}}{\varepsilon_0^l}\right)^2} \frac{n}{\ln c} \Lambda\left[n, \left(\frac{\varepsilon_{cr}}{\varepsilon_0^l}\right)^{2/n} \ln c\right] + \exp[-(\beta E \varepsilon)^{2/n}] \right\} \tag{3.6}$$

$$\frac{G_3}{G_3'} = \psi_G \tag{3.7}$$

既有试验表明:混凝土出现宏观裂缝时不仅产生刚度退化,还存在不可逆的塑性变形。

4)基于水平集算法更新裂缝面

水平集算法是一种追踪裂缝界面移动的数值方法,它采用零水平集函数描述结构界面形状,如图 3.8 所示,通过分析计算来改变水平集函数值,以得到不断变化的界面形状。水平集计算界面运动时可采用固定的计算网格,与扩展有限元结合显得很自然,更新水平集时,网格也可以用于扩展有限元的计算。

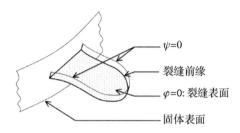

图 3.8　采用 2 个水平集表示的三维裂纹示意图

裂纹位置的描述通过裂缝面水平集函数 φ 和裂尖水平集函数 ψ 表示,如图 3.8 所示,水平集用符号距离函数表示,即:

$$\begin{cases} \varphi(\boldsymbol{x}) = \min_{\bar{x} \in \varGamma} \| \boldsymbol{x} - \bar{\boldsymbol{x}} \| \operatorname{sign}(\boldsymbol{n}^+ \cdot (\bar{\boldsymbol{x}} - \boldsymbol{x})) \\ \psi(\boldsymbol{x}) = \min_{\bar{x} \in \varGamma'} \| \boldsymbol{x} - \bar{\boldsymbol{x}} \| \operatorname{sign}(\boldsymbol{n}'^+ \cdot (\bar{\boldsymbol{x}} - \boldsymbol{x})) \end{cases} \tag{3.8}$$

式(3.8)中,$\boldsymbol{x} = [x,y,z]$,$\operatorname{sign}(\cdot)$ 为符号函数,$\boldsymbol{n}^+$ 表示裂缝面的法向量,$\boldsymbol{n}'^+$ 表示裂缝边缘线的法向量,即:

$$\operatorname{sign}(x) = \begin{cases} +1, & x > 0 \\ -1, & x < 0 \end{cases} \tag{3.9}$$

则裂缝尖端和裂缝面用函数可分别表示为:

$$\begin{cases} \varphi(\boldsymbol{x},t) = 0, \psi(\boldsymbol{x},t) < 0, & \text{裂缝面,} \\ \varphi(\boldsymbol{x},t) = 0, \psi(\boldsymbol{x},t) = 0, & \text{裂缝尖端,} \\ \psi(\boldsymbol{x},t) > 0, & \text{与裂缝不相交} \end{cases} \tag{3.10}$$

式(3.10)中,裂缝面水平集函数 $\varphi(\boldsymbol{x},t)$ 和裂尖水平集函数 $\psi(\boldsymbol{x},t)$ 是假定为相互正交,即表达式为:

$$\nabla \varphi \cdot \nabla \psi = 0 \quad \forall t \tag{3.11}$$

此外,水平集函数可近似用相同的形函数来表示位移场,即:

$$\begin{cases} \varphi = \sum_I N_I(x) \varphi_I, \\ \psi = \sum_I N_I(x) \psi_I \end{cases} \tag{3.12}$$

式(3.12)中,N_I 表示有限元的形函数,φ_I 和 ψ_I 分别表示节点处的距离函数值,则裂缝形态完全可以用节点值表示,单元内的位移场可分解为连续和不连续两个部分,其表达式为:

$$\begin{cases} u = u_{\text{con}} + u_{\text{discon}}, \\ u_{\text{con}} = \sum_{I \in \tau} N_I(x) u_I \end{cases}$$

$$u_{\mathrm{discon}} = \sum_{I \in \tau_{\mathrm{cut}}} N_I(x) H(\varphi(x)) a_I + \sum_{I \in \tau_{\mathrm{tip}}} \sum_{\alpha} N_I(x) B_\alpha(\varphi(x), \psi(x)) a_{I\alpha} \qquad (3.13)$$

式(3.13)中，τ 表示对象所有网格节点的集合，τ_{cut} 表示网格被裂缝完全贯通的节点集合，τ_{tip} 表示网格被裂缝部分切割的节点集合，$H(\cdot)$ 表示扩展有限元中的阶跃函数，$B_\alpha(\cdot)$ 表示扩展有限元中的裂尖函数，a_I 和 $a_{I\alpha}$ 表示位移场中附加的自由度。其中，裂尖函数由水平集函数构造，其表达式为：

$$\begin{cases} [B_\alpha] = \left[\sqrt{r}\sin\dfrac{\theta}{2}, \sqrt{r}\cos\dfrac{\theta}{2}, \sqrt{r}\sin\dfrac{\theta}{2}\sin\theta, \sqrt{r}\cos\dfrac{\theta}{2}\sin\theta \right], \\ r = \sqrt{\varphi^2 + \psi^2}, \theta = \arctan\left(\dfrac{\varphi}{\psi}\right) \end{cases} \qquad (3.14)$$

3.2 CDM 和 XFEM 之间能量转化模式的改进

既有的 CDM-XFEM 方法在计算 I 型裂纹时，均忽略了宏观裂缝出现时产生的塑性应变，因此采用既有的能量转化模式分析裂缝扩展可能与实际有一定偏差，本节通过合理的假定，基于既有试验得出的塑性应变计算式，重构 CDM 与 XFEM 的能量转化模式。

1）基本假定条件

本文假定能量转化时（$D=D_{\mathrm{cr}}$）CDM 模型中单元的最大拉应力等于 XFEM 中裂缝张开至 u_{cr} 时的牵引力，即 $\sigma(\varepsilon_{\mathrm{cr}}) = \tau(u_{\mathrm{cr}})$，此时产生的塑性应变为 $\varepsilon_{\mathrm{ds}}$，损伤消耗的能量（当 $\bar{\varepsilon} > r_0$ 时开始出现损伤）等于黏结裂缝张开至 u_{cr} 的能量，即图 3.9(a) 中灰色（Ψ_1）的面积等于图 3.9(b) 中灰色（Ψ_4）的面积；同时，损伤模型的剩余能量均全部转移到 XFEM 黏结裂缝模型中，即图 3.9(a) 中（$\Psi_2 + \Psi_3$）部分的累计面积等于图 3.9(b) 中 Ψ_5 部分的面积。

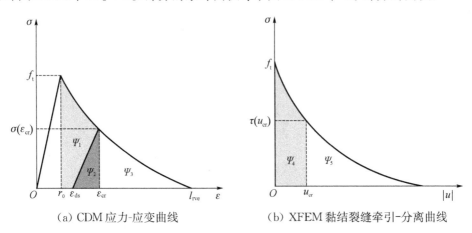

(a) CDM 应力-应变曲线　　(b) XFEM 黏结裂缝牵引-分离曲线

图 3.9　CDM 及 XFEM 黏结裂缝的能量转化示意图

2）混凝土受拉损伤及塑性应变的计算公式

本文基于等效应变 $\bar{\varepsilon}$ 作为判定混凝土出现损伤的指标，其计算公式为[5]：

$$\begin{cases} \bar{\varepsilon} > r_0, \text{当 } D > 0, \\ \bar{\varepsilon} = \sqrt{\sum_{i=1}^{3}(\langle \varepsilon_i^{av} \rangle^2 + (f_t/f_c)^2 \cdot \langle -\varepsilon_i^{av} \rangle^2)}, \text{其他} \end{cases} \quad (3.15)$$

式(3.15)中，ε_i^{av} 表示单元平均应变，f_t 和 f_c 表示混凝土抗拉强度和抗压强度。

受拉弹性损伤因子 D 的演化准则的计算公式为[6]：

$$D = 1 - \sqrt{\frac{r_0}{\bar{\varepsilon}} \exp(-R(\bar{\varepsilon} - r_0))} \quad (3.16)$$

式(3.16)中，R 为损伤演化参数，其计算公式为式(3.17)，r_0 为混凝土的初始刚度，计算公式为式(3.18)，l_{rve} 为单元特征长度，对于三维单元，一般取值 0.02 m[7]。

$$R = \frac{2Ef_t l_{rve}}{2EG_F - f_t l_{rve}} \quad (3.17)$$

$$r_0 = \frac{f_t}{E} \quad (3.18)$$

对于单次卸载-再加载阶段的材料，Hatzigeorgioiu 等[8]提出将弹性损伤因子 D 修正为 D^k，则卸载-再加载的刚度表示为：

$$E_k = (1 - D^k)E_0 \quad (3.19)$$

则总应变的表达式为：

$$\varepsilon = \varepsilon^p + \varepsilon^e = \varepsilon^p + \frac{(1-D)E_0 \varepsilon}{(1-D^k)E_0} \quad (3.20)$$

对于混凝土材料，Hatzigeorgioiu 等[8]结合试验和数值计算给出了最优值 $k=2$，本文也采用该数值，代入式(3.20)可得出塑性应变的简化计算公式：

$$\varepsilon^p = \frac{D}{1+D} \varepsilon \quad (3.21)$$

在图 3.9 中，0 到 ε_{ds} 为塑性应变，ε_{ds} 到 ε_{cr} 为弹性应变。

3) 总体方程

基于能量等效原理[4]，可得出式(3.22)和式(3.23)：

$$\Psi_1 = \Psi_4 \quad (3.22)$$

$$\Psi_2 + \Psi_3 = \Psi_5 \quad (3.23)$$

式(3.22)中，能量 Ψ_1 可由 r_0 到 ε_{cr} 的积分面积减去能量 Ψ_2 的面积，即：

$$\Psi_1 = \int_{r_0}^{\varepsilon_{cr}} \sigma(\bar{\varepsilon}) d\bar{\varepsilon} - \Psi_2 \quad (3.24)$$

根据应变等效原则,即无损伤试件产生的应变 ε 等价于含损伤试件产生的应变 $\bar{\varepsilon}$,则等效应力可表示为:

$$\sigma(\bar{\varepsilon}) = E(1-D)^2 \bar{\varepsilon} \qquad (3.25)$$

将式(3.16)、(3.18)、(3.25)代入到式(3.24)中,则 r_0 到 ε_{cr} 的积分面积可表示为:

$$\int_{r_0}^{\varepsilon_{cr}} \sigma(\bar{\varepsilon}) d\bar{\varepsilon} = \int_{r_0}^{\varepsilon_{cr}} \left[l_{rve} f_t \left(\frac{r_0}{\bar{\varepsilon}} \exp(-R(\bar{\varepsilon}-r_0)) \right) \right] d\bar{\varepsilon} = \exp(Rr_0) f_t l_{rve} r_0 (\Gamma[Rr_0] - \Gamma[R\varepsilon_{cr}]) \qquad (3.26)$$

式(3.23)中,能量 Ψ_2 可由直角三角形面积表示,即:

$$\Psi_2 = \frac{1}{2} l_{rve}(\varepsilon_{cr}) \cdot (\varepsilon_{cr} - \varepsilon_{ds}) \qquad (3.27)$$

其中,$\varepsilon_{cr} - \varepsilon_{ds}$ 可表示为:

$$\varepsilon_{cr} - \varepsilon_{ds} = \frac{\sigma(\varepsilon_{cr})}{E_k} = \frac{E(1-D_{cr})^2(1+D_{cr})}{D_{cr}} \qquad (3.28)$$

将式(3.28)代入式(3.27),则能量 Ψ_2 可表示为:

$$\Psi_2 = \frac{f_t^2 l_{rve}}{2 r_0^2} \frac{(1-D_{cr})^4 (1+D_{cr})}{D_{cr}} \varepsilon_{cr} \qquad (3.29)$$

为简化表示,将损伤因子 D_{cr} 表示为关于 ε_{cr} 的函数 $A(\varepsilon_{cr})$,则式(3.29)简化为:

$$\begin{cases} A(\varepsilon_{cr}) = \sqrt{\dfrac{r_0}{\varepsilon_{cr}} \exp(-R(\varepsilon_{cr}-r_0))}, \\ \Psi_2 = \dfrac{f_t^2 l_{rve} \varepsilon_{cr}}{2 r_0^2} \cdot \dfrac{A^4(\varepsilon_{cr})[2-A(\varepsilon_{cr})]}{1-A(\varepsilon_{cr})} \end{cases} \qquad (3.30)$$

将公式(3.26)和(3.30)代入到公式(3.24),可得到能量 Ψ_1 的计算公式:

$$\Psi_1 = \exp(Rr_0) f_t l_{rve} r_0 (\Gamma[Rr_0] - \Gamma[R\varepsilon_{cr}]) - \frac{f_t^2 l_{rve} \varepsilon_{cr}}{2 r_0^2} \cdot \frac{A^4(\varepsilon_{cr})[2-A(\varepsilon_{cr})]}{1-A(\varepsilon_{cr})} \qquad (3.31)$$

根据假定的牵引-分离函数形式,即式(3.1)的 τ_{n4},则能量 Ψ_4 可表示为:

$$\Psi_4 = \int_0^{u_{cr}} \tau(u) du = \int_0^{u_{cr}} \alpha e^{-\beta(u)} du = \frac{\alpha - \alpha e^{-\beta u_{cr}}}{\beta} \qquad (3.32)$$

将公式(3.31)和(3.32)代入到公式(3.22),则第一个能量等效方程可表示为:

$$\exp(Rr_0) f_t l_{rve} r_0 (\Gamma[Rr_0] - \Gamma[R\varepsilon_{cr}]) - \frac{f_t^2 l_{rve} \varepsilon_{cr}}{2 r_0^2} \cdot \frac{A^4(\varepsilon_{cr})[2-A(\varepsilon_{cr})]}{1-A(\varepsilon_{cr})} = \frac{\alpha - \alpha e^{-\beta u_{cr}}}{\beta} \qquad (3.33)$$

同理,能量 Ψ_3 和能量 Ψ_5 的方程可表示为:

$$\begin{cases} \Psi_3 = \int_{\varepsilon_{cr}}^{\infty} \sigma(\bar{\varepsilon})\mathrm{d}\bar{\varepsilon} = \int_{\varepsilon_{cr}}^{\infty} \left[l_{rve} f_t \left(\frac{r_0}{\bar{\varepsilon}} \exp(-R(\bar{\varepsilon} - r_0)) \right) \right] \mathrm{d}\bar{\varepsilon}, \\ \int_{\varepsilon_{cr}}^{\infty} \left[l_{rve} f_t \left(\frac{r_0}{\bar{\varepsilon}} \exp(-R(\bar{\varepsilon} - r_0)) \right) \right] \mathrm{d}\bar{\varepsilon} = \exp(Rr_0) f_t l_{rve} r_0 \Gamma[R\varepsilon_{cr}] \end{cases} \quad (3.34)$$

$$\begin{cases} \Psi_5 = \int_{u_{cr}}^{\infty} \sigma(u)\mathrm{d}u = \int_{u_{cr}}^{\infty} \alpha \mathrm{e}^{-\beta u} \mathrm{d}u, \\ \int_{u_{cr}}^{\infty} \alpha \mathrm{e}^{-\beta u} \mathrm{d}u = \frac{\alpha \mathrm{e}^{-\beta u_{cr}}}{\beta} \end{cases} \quad (3.35)$$

将式(3.30)、式(3.34)、式(3.35)代入式(3.23),则第二个能量等效方程可表示为:

$$\frac{f_t^2 l_{rve} \varepsilon_{cr}}{2 r_0^2} \cdot \frac{A^4(\varepsilon_{cr})[2 - A(\varepsilon_{cr})]}{1 - A(\varepsilon_{cr})} + \exp(Rr_0) f_t l_{rve} r_0 \Gamma[R\varepsilon_{cr}] = \frac{\alpha \mathrm{e}^{-\beta u_{cr}}}{\beta} \quad (3.36)$$

根据前面提出的假定条件,除了满足能量等效,转换时的应力条件也应该相等,即:

$$\begin{cases} \tau(u_{cr}) = \sigma(\varepsilon_{cr}), \\ \alpha \mathrm{e}^{-\beta u_{cr}} = f_t A^2(\varepsilon_{cr}) \end{cases} \quad (3.37)$$

联立方程(3.33)、(3.36)及(3.37),采用 2.2.3 节的广义逆法求解非线性方程组的最小二乘解,最终求出参数 α、β 和 u_{cr}。

3.3 改进能量转化模式的 CDM-XFEM 计算流程

本文采用 Abaqus 软件的用户自定义扩展模块,编写相应的用户单元子程序 UEL(User Element)。计算流程总体分 3 个模块:

(1) 计算单元的应力及损伤因子;
(2) 计算牵引-分离系数;
(3) 更新裂缝的水平集函数,具体的流程如图 3.10 所示。

对于参数 α、β 和 u_{cr} 的求解,采用广义逆法求解非线性方程组的最小二乘解,步骤为:先将能量等效方程及应力等效方程转为 3 个待求的非线性方程,即公式(3.38),然后对变量 ε_{cr} 设置初始值,代入到公式(3.39)和(3.40)进行迭代求算,最终求出最小范数解,这里设置的最小范数的约束条件为式(3.41)。求解参数的 UEL 程序代码见附录。

$$\begin{cases} F_1 = \exp(Rr_0) f_t l_{rve} r_0 (\Gamma[Rr_0] - \Gamma[R\varepsilon_{cr}]) - \frac{f_t^2 l_{rve} \varepsilon_{cr}}{2r_0^2} \cdot \frac{A^4(\varepsilon_{cr})[2 - A(\varepsilon_{cr})]}{1 - A(\varepsilon_{cr})} - \frac{\alpha - \alpha \mathrm{e}^{-\beta u_{cr}}}{\beta}, \\ F_2 = \frac{f_t^2 l_{rve} \varepsilon_{cr}}{2r_0^2} \cdot \frac{A^4(\varepsilon_{cr})[2 - A(\varepsilon_{cr})]}{1 - A(\varepsilon_{cr})} + \exp(Rr_0) f_t l_{rve} r_0 \Gamma[R\varepsilon_{cr}] \frac{\alpha \mathrm{e}^{-\beta u_{cr}}}{\beta}, \\ F_3 = \alpha \mathrm{e}^{-\beta u_{cr}} - f_t A^2(\varepsilon_{cr}) \end{cases} \quad (3.38)$$

$$-\begin{bmatrix} \dfrac{\partial F_1}{\partial \alpha} & \dfrac{\partial F_1}{\partial \beta} & \dfrac{\partial F_1}{\partial u_{cr}} \\ \dfrac{\partial F_2}{\partial \alpha} & \dfrac{\partial F_2}{\partial \beta} & \dfrac{\partial F_2}{\partial u_{cr}} \\ \dfrac{\partial F_3}{\partial \alpha} & \dfrac{\partial F_3}{\partial \beta} & \dfrac{\partial F_3}{\partial u_{cr}} \end{bmatrix}^{-1} \begin{bmatrix} F_1 \\ F_2 \\ F_3 \end{bmatrix} = \begin{bmatrix} \Delta \alpha \\ \Delta \beta \\ \Delta u_{cr} \end{bmatrix} \quad (3.39)$$

$$\begin{cases} \alpha = \alpha + \Delta \alpha, \\ \alpha = \beta + \Delta \beta, \\ u_{cr} = u_{cr} + \Delta u_{cr} \end{cases} \quad (3.40)$$

$$\|M\| = \sqrt{\sum_{i=1}^{n} F_i^2} \leqslant 10^{-8} \quad (3.41)$$

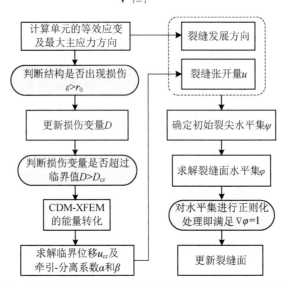

图 3.10 重构能量转化模式的 CDM-XFEM 计算方法整体求解步骤

3.4 通用混凝土开裂试验验证

3.4.1 无切口钢筋混凝土三点受弯作用开裂

为了验证改进型 CDM-XFEM 计算方法的准确性及高效性,以无切口混凝土三点受弯开裂试验为基础,对照分析不同方法算出的开裂云图及计算耗时,如图 3.11 和图 3.12 所示,梁的长度为 3680 mm,宽为 200 mm,高为 340 mm,两端支座距中心的距离均为 1500 mm,中心竖向加载的长度为 100 mm,竖向荷载分别加载到 40 kN、80 kN、120 kN 三个阶段。

图 3.11 加载试验照片

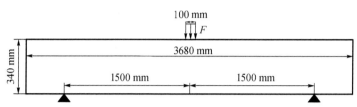

图 3.12 无切口混凝土梁三点受弯试验尺寸示意图

图 3.13 为采用改进型 CDM-XFEM 方法算出的不同荷载阶段的裂缝面云图,由图可知,随着荷载增多,梁底部弯曲裂缝的数量迅速增多,裂缝在底部分布的长度范围为1840~2250 mm,且裂缝距中心轴越远,裂缝的倾角越大。

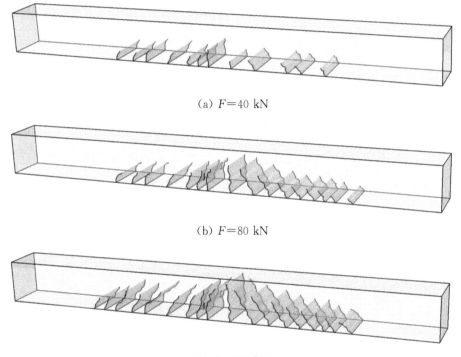

(a) $F=40$ kN

(b) $F=80$ kN

(c) $F=120$ kN

图 3.13 不同荷载阶段混凝土梁开裂计算云图

图 3.14~图 3.16 为试验及不同计算方法得出的裂缝分布对比图,由此可看出采用 CDM 方法计算得出的裂缝形态为底部垂直向上,顶部向中心轴偏移,且裂缝条数随荷载变大不断增加;采用 XFEM 方法得出的裂缝条数较少,且不随荷载变大而增加;采用未改进的 CDM-XFEM 方法计算得出的裂缝形态在加载前期大多为垂直裂缝,在加载后期顶端有朝中心偏移的趋势,但裂缝总数少于试验的裂缝条数;采用改进的 CDM-XFEM 方法计算得出的裂缝均为弯曲裂缝,在加载过程中裂缝条数由中心向两边近似呈对称分布,且裂缝的分布位置及条数与试验均较为接近。由此可知,采用改进型 CDM-XFEM 计算混凝土裂缝分布

是最接近实际情况的。

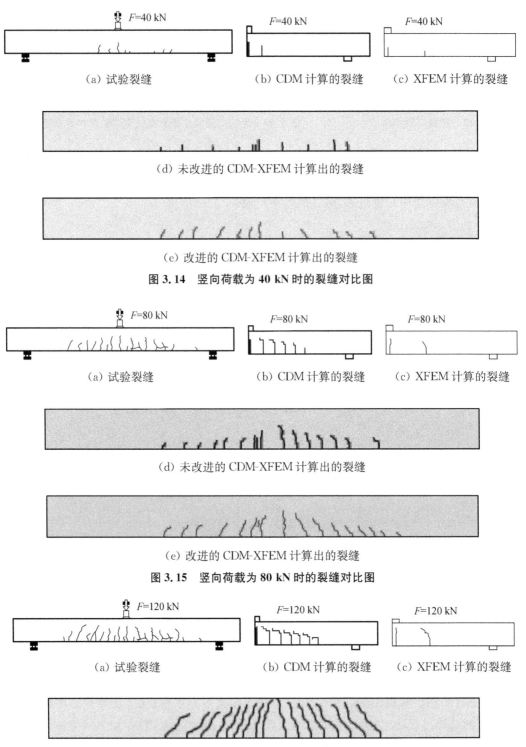

图 3.14 竖向荷载为 40 kN 时的裂缝对比图

图 3.15 竖向荷载为 80 kN 时的裂缝对比图

(e) 改进的 CDM-XFEM 计算出的裂缝

图 3.16　竖向荷载为 120 kN 时的裂缝对比图

图 3.17 为试验与数值计算得出的混凝土梁底部中心裂缝宽度与荷载的关系曲线,由图可知,试验出现裂缝的荷载为 40 kN,采用 XFEM 方法计算得出开裂荷载为 25 kN,与试验差距较大,在后续计算过程中出现拐点的裂缝宽度为 0.03 mm,而试验出现拐点的裂缝宽度为 0.08 mm,在曲线的走势上有较大差异。采用未改进的 CDM-XFEM 方法计算得出的开裂荷载为 35.6 kN,当裂缝宽度小于 0.13 mm 时曲线的走向与试验较吻合,但后续计算的曲线增长斜率明显大于试验曲线。采用改进的 CDM-XFEM 方法计算得出的开裂荷载为 38.5 kN,与试验仅相差 1.5 kN,在增长趋势上全程与试验曲线基本相同,说明采用改进的 CDM-XFEM 方法分析混凝土的开裂宽度是最接近实际情况的。

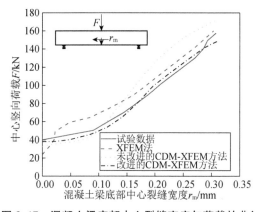

图 3.17　混凝土梁底部中心裂缝宽度与荷载的曲线

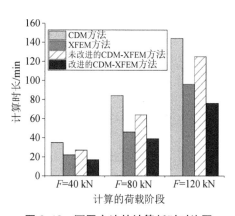

图 3.18　不同方法的计算耗时对比图

图 3.18 为不同方法计算混凝土开裂的计算耗时对比图,计算采用的网格尺寸均为 0.02 m,可知不同荷载阶段计算时长的大小排序均为:CDM 方法＞未改进的 CDM-XFEM 方法＞XFEM 方法＞改进的 CDM-XFEM 方法。当荷载从 40 kN 增加到 120 kN 时,采用 CDM 方法的计算时长增加了 109 min,采用 XFEM 方法的计算时长增加了 74 min,采用未改进的 CDM-XFEM 方法的计算时长增加了 98 min,采用改进的 CDM-XFEM 方法的计算时长仅增加了 59 min,说明通过改进距离正则化项的水平集函数有效提高了开裂的计算效率。

3.4.2　双切口混凝土受剪拉作用开裂

基于 Nooru-Mohamed 试验,对比分析不同方法得出的混凝土受剪拉作用下的开裂情况,试验示意图如图 3.19 所示。混凝土试件的长度和高度均为 200 mm,厚度为 50 mm,切口位于混凝土两侧中心,切口深度均为 25 mm,宽度为 5 mm,混凝土底部和右下侧部固定约束,左上侧和顶部与钢框架连接。试验时先在混凝土侧部施加的水平力 P_h 分别为 5 kN、10 kN、27.5 kN,然后在顶端施加拉伸力 P_s,试验时在切口位置安装了位移计测试了位移变化情况,即 CTOD。图 3.20 为裂缝有效高度示意图。

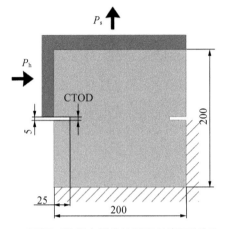
图 3.19 双切口混凝土受剪拉试验示意图(单位:mm)

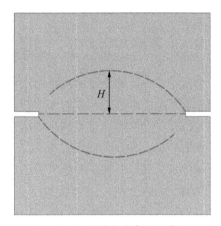
图 3.20 裂缝有效高度示意图

图 3.21 为采用改进型 CDM-XFEM 方法计算出的不同荷载下的三维裂缝面云图,由图可知,刚开始切口处出现了偏水平方向的两条裂缝,随着侧向荷载增大,裂缝面的弧度逐渐增大,最终呈现类似"椭圆"的裂缝面形态。

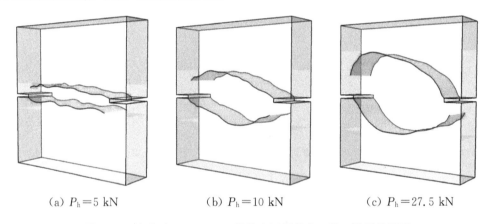

(a) $P_h=5$ kN   (b) $P_h=10$ kN   (c) $P_h=27.5$ kN

图 3.21 改进型 CDM-XFEM 计算出不同荷载下的三维裂缝云图

图 3.22~图 3.26 为试验及不同计算方法得出的裂缝分布对比图,由此可看出由于混凝土受骨料分布的影响,在试件前面和背面出现的裂缝并不完全相同,但整体趋势相同。采用 CDM 方法计算得出的裂缝形态在 $P_h=5$ kN 时出现了分叉裂缝,与试验差别较大,且裂缝后期的走向还受到网格形状的影响;采用 XFEM 方法计算得出的裂缝仅为一条,且均位于左端切口附近;采用未改进的 CDM-XFEM 方法计算得出的裂缝条数与试验相同,但不同荷载阶段的弯曲程度与试验差距较大,如 $P_h=27.5$ kN 时试验从右切口延伸出的裂缝的拐点位于 50 mm 的位置,但模拟得出裂缝的拐点却位于 150 mm 的位置。采用改进的 CDM-XFEM 方法计算得出的裂缝条数及走向与试验均较为接近,虽然裂缝的弯曲程度与试验有部分差异,但整体发展趋势一致。由此可知,采用改进型 CDM-XFEM 计算混凝土裂缝是最接近实际情况的。

第 3 章 考虑混凝土塑性耗散的 CDM-XFEM

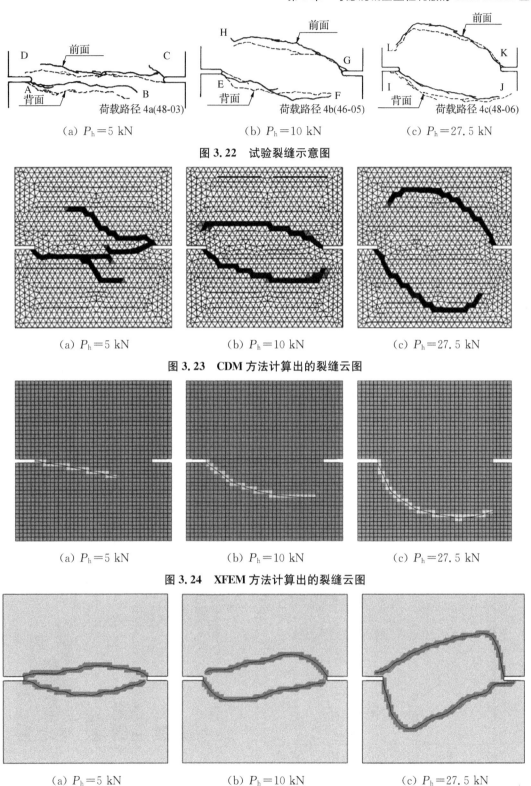

(a) $P_h = 5$ kN　　(b) $P_h = 10$ kN　　(c) $P_h = 27.5$ kN

图 3.22　试验裂缝示意图

(a) $P_h = 5$ kN　　(b) $P_h = 10$ kN　　(c) $P_h = 27.5$ kN

图 3.23　CDM 方法计算出的裂缝云图

(a) $P_h = 5$ kN　　(b) $P_h = 10$ kN　　(c) $P_h = 27.5$ kN

图 3.24　XFEM 方法计算出的裂缝云图

(a) $P_h = 5$ kN　　(b) $P_h = 10$ kN　　(c) $P_h = 27.5$ kN

图 3.25　未改进的 CDM-XFEM 方法计算出的裂缝云图

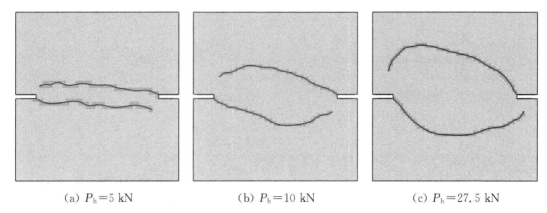

(a) $P_h=5$ kN (b) $P_h=10$ kN (c) $P_h=27.5$ kN

图 3.26 改进的 CDM-XFEM 方法计算出的裂缝云图

图 3.27 为侧向荷载 P_h 为 5 kN 时，试验与数值计算得出的混凝土切口处张开位移 CTOD 与竖向拉力 P_s 的关系曲线，由图可知，试验曲线出现拐点的荷载为 15 kN，采用 XFEM 方法计算得出开裂荷载为 25 kN，与试验差距较大，在后续计算过程中出现拐点的裂缝宽度为 0.03 mm，而试验出现拐点的裂缝宽度为 0.08 mm，在曲线的走势上有较大差异。采用未改进的 CDM-XFEM 方法计算得出的开裂荷载为 35.6 kN，当裂缝宽度小于 0.13 mm 时曲线的走向与试验较吻合，但后续计算的曲线增长斜率明显大于试验曲线。采用改进的 CDM-XFEM 方法计算得出的开裂荷载为 38.5 kN，与试验仅相差 1.5 kN，在增长趋势上全程与试验曲线基本相同，说明采用改进的 CDM-XFEM 方法分析混凝土的开裂宽度是最接近实际情况的。

图 3.28 为侧向荷载 P_h 为 5 kN 时，双切口混凝土在不同方法下的计算耗时对比图，计算采用的网格尺寸均为 0.02 m，可知不同位移阶段计算时长的大小排序仍为：CDM 方法＞未改进的 CDM-XFEM 方法＞XFEM 方法＞改进的 CDM-XFEM 方法。当切口处张开位移 CTOD 从 0.03 mm 增加到 0.15 mm 时，采用 CDM 方法的计算时长增加了 27.5 min，采用

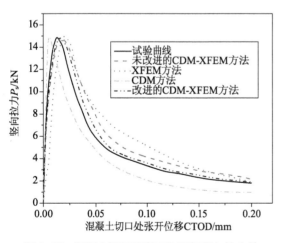

图 3.27 混凝土切口处张开位移与竖向拉力的关系曲线

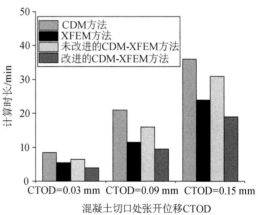

图 3.28 双切口混凝土在不同方法下的计算耗时对比

XFEM 方法的计算时长增加了 18.5 min,采用未改进的 CDM-XFEM 方法的计算时长增加了 24 min,采用改进的 CDM-XFEM 方法的计算时长仅增加了 15 min,说明通过改进距离正则化项的水平集函数能有效提高开裂的计算效率。

3.5 盾构隧道管片开裂试验验证

3.5.1 数值计算

为模拟拱腰管片受弯开裂,数值模型选用的管片属于外径为 6.2 m,内径为 5.5 m 的盾构隧道 A3 管片,如图 3.29 和图 3.30 所示。

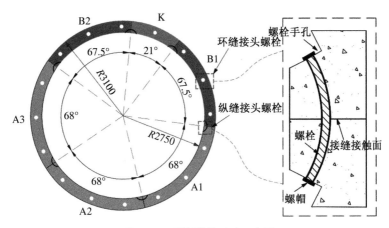

图 3.29 盾构隧道尺寸示意图

不考虑接头的细部构造,计算模型中管片混凝土的弹性模量设为 34.5 GPa,泊松比为 0.2。管片钢筋采用实体单元,弹性模量为 200 GPa,屈服强度为 335 MPa,抗拉强度为 455 MPa,泊松比为 0.3。模型的边界条件:固定管片两端的竖向位移,通过在两端施加水平荷载模拟管片顶部的开裂情况,如图 3.31 所示。

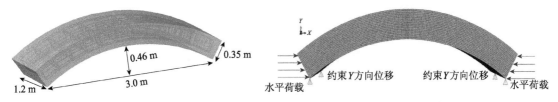

图 3.30 A3 管片模型尺寸示意图　　图 3.31 A3 管片模型边界条件示意图

模型中钢筋与混凝土间接触采用植入的方法,相邻管片的法向接触采用硬接触,其作用机理如图 3.32 所示。在硬接触行为模式中,当空余量 $D>0$,则法向压力 $F=0$,即两接触面间处于分离状态,且不传递法向压力;当空余量 $D=0$ 时,则法向压力 $F>0$,即两接触面完全贴合，切向接触采用库仑摩擦模型。当接触面无相对运动且摩擦应力小于临界摩擦应力值 τ_{cr} 时，等效切向摩擦应力为 $\tau_{eq}=\sqrt{\tau_1^2+\tau_2^2}$，若等效摩擦应力达到临界摩擦应力值时，接触面间将产生滑动，其作用机理如图 3.33 所示。理想切向摩擦行为在有限元中使用 Lagrange 摩擦公式实现，但该公式计算太耗时，为了改善计算效率引入罚函数概念。为了更接近实际，在模拟接触面切向运动时会设置出现轻微弹性滑动，滑动量可设为接触面所有单元平均边长的 0.5%，理想的剪应力-滑移关系在图 3.33 中如实线部分所示，计算模型模拟的剪应力-滑移关系在图中如虚线部分所示。

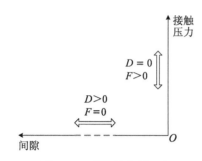

图 3.32 硬接触作用示意

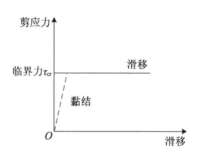

图 3.33 接触面切向力学行为示意

裂缝的计算选用 XFEM 方法、未改进的 CDM-XFEM 方法、改进的 CDM-XFEM 方法进行对比分析。由于 Abaqus 用户自定义单元 UEL 不能在软件中自动显示，在 Abaqus 后处理图示中以符号"X"表征 UEL 单元，因此本书在 UEL 单元原位添加模量很小的 C3D8 单元作为蒙皮单元，再编写 UVARM 子程序，获取当前分析步中材料积分点上的应力、应变等信息，然后在输出界面中调整显示，将裂缝云图呈现出来。

3.5.2 开裂试验

为验证数值模型在开裂计算上的准确性及高效性，设计对应的管片试验进行对比分析。试验管片的几何尺寸与数值模型相同，管片混凝土强度为 C50，配筋率为 14%，实物及钢筋构造如图 3.34 和图 3.35 所示，不同钢筋的直径如表 3.1 所示，其中内外侧主筋距管片混凝土表面的距离均为 50 mm。

图 3.34 研究管片实物图

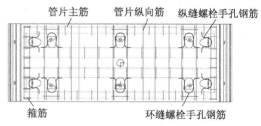

图 3.35 管片内部钢筋

表 3.1 标准块管片钢筋一览表

管片钢筋类型	钢筋数量/根	钢筋直径/mm
管片主筋	16(内外排各半)	16
管片纵向筋	24(内外排各半)	16
箍筋	12	10
纵缝螺栓手孔钢筋	4	16
环缝螺栓手孔钢筋	6	16

试验的加载装置主要包括夹持器、反力拉杆、底部支撑、千斤顶及加载的油泵,其示意图及实物图如图 3.36 和图 3.37 所示,尺寸如图 3.38 和图 3.39 所示。管片放置于底部支撑上方,在中间加设绝缘衬垫;夹持器前端与管片端部贴合,在中间加设弹性橡胶给管片预留变形空间;每个夹持器后端与 2 个平行的千斤顶接触,整个夹持器穿过反力拉杆,在千斤顶的顶力作用下顺着拉杆方向平行移动,保证了夹持器不会受力产生偏角;加载的油泵系统为同步式液压控制系统,能同时保证 4 个千斤顶的顶力相同。在加载过程中,在管片底部中间放置千斤顶向上顶推管片,装置两端提供水平力和竖向反力,并在弧形框架上方堆置重物,防止装置受力向上抬起。

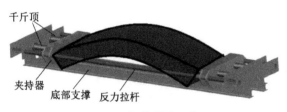

图 3.36 加载装置示意图

图 3.37 加载装置实物图

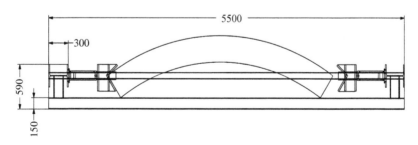

图 3.38 加载装置横断面尺寸(单位:mm)

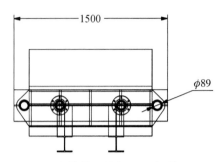

图 3.39　加载装置纵断面尺寸(单位:mm)

试验测试的内容包含三部分:(1)不同弯矩作用下管片的竖向位移,包括 D_1 和 D_2;(2)不同弯矩作用下管片外弧面的裂缝分布形态;(3)不同弯矩作用下外弧面测点 1 和测点 2 的混凝土应变,如图 3.40 所示。其中,管片的竖向位移采用拉绳式位移计,最大量程为 500 mm,精度为 0.01 mm,如图 3.41 所示,混凝土应变片采用箔式应变计,精度为 1 $\mu\varepsilon$,如图 3.42 所示。

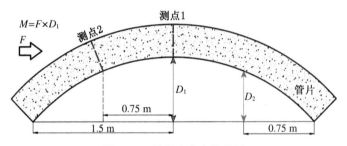

图 3.40　混凝土应变片位置

图 3.41　拉绳式位移计

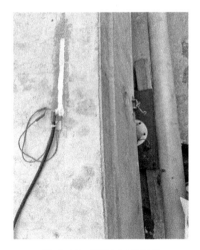

图 3.42　混凝土应变片

3.5.3 计算与试验的结果对比

1) 裂缝条数及位置对比

在整个加载过程中,管片顶部总共出现了 3 条弯曲裂缝,且 3 条裂缝出现的时机相同,相邻裂缝的间距为 136～155 mm。图 3.43 为不同方法计算出的管片外弧面裂缝云图,由此可看出采用 XFEM 方法计算得出的裂缝为单条笔直的裂缝,采用未改进的 CDM-XFEM 方法计算得出的裂缝为 2 条弧形裂缝,采用改进的 CDM-XFEM 方法计算得出的裂缝为 3 条走向近似平行的弯曲裂缝。图 3.44 为计算的裂缝位置与试验对比图,可看出采用 XFEM 方法得出裂缝与管片中轴线重合,与试验裂缝差距较大;采用未改进的 CDM-XFEM 方法得出的裂缝位于管片中轴线两侧,2 条裂缝距中轴线的最远距离分别为 64 mm 和 78 mm,与试验的 A 缝和 B 缝接近,与 C 缝距离较远;采用改进的 CDM-XFEM 方法得出的 3 条裂缝位置与试验位置基本一致,3 条计算裂缝与试验裂缝的位置偏差也未超过 25 mm。由此可知,采用改进的 CDM-XFEM 方法计算得出的裂缝条数及裂缝位置与试验最为接近,弯曲程度略有差异是由于混凝土裂缝的分布还受到内部骨料的影响。

2) 裂缝宽度及深度对比

将采用改进的 CDM-XFEM 方法计算出的 3 条裂缝与试验进行对比,如图 3.45～图 3.50 所示,其中裂缝的宽度采用 GTJ-FKY 裂缝宽度测试仪检测,裂缝深度采用高精度的游标卡尺测量,可知试验和计算的变化趋势基本一致,裂缝的深度和宽度均随弯矩呈指数型增长,在整个加载过程中,计算得出的 A、B、C 3 条裂缝与试验的最大宽度误差分别为 11%、9%、13%,最大深度误差分别为 14%、13%、8%。

(a) XFEM 方法　　(b) 未改进的 CDM-XFEM 方法　　(c) 改进的 CDM-XFEM 方法

图 3.43　不同方法计算出的管片外弧面裂缝云图

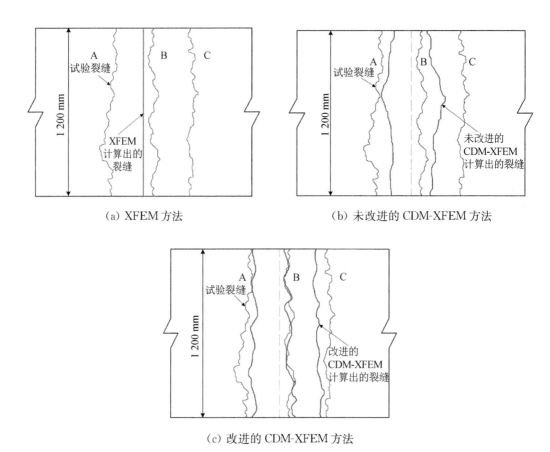

（a）XFEM 方法　　　　　　　　（b）未改进的 CDM-XFEM 方法

（c）改进的 CDM-XFEM 方法

图 3.44　不同方计法算出的外弧面裂缝分布与试验对比图

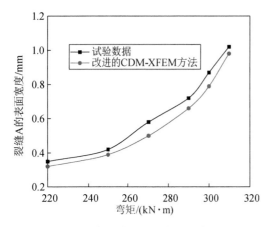

图 3.45　裂缝 A 的宽度随弯矩的变化曲线

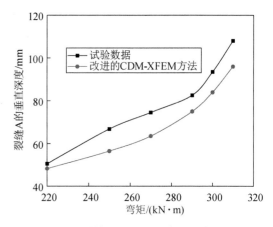

图 3.46　裂缝 A 的深度随弯矩的变化曲线

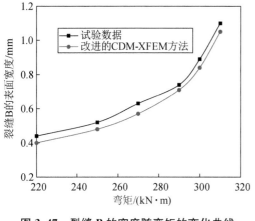
图 3.47 裂缝 B 的宽度随弯矩的变化曲线

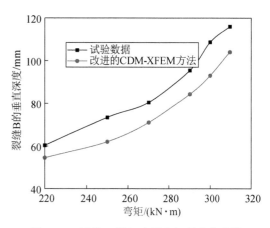
图 3.48 裂缝 B 的深度随弯矩的变化曲线

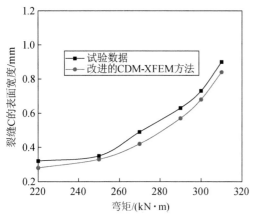
图 3.49 裂缝 C 的宽度随弯矩的变化曲线

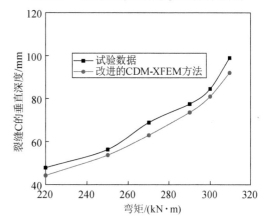
图 3.50 裂缝 C 的深度随弯矩的变化曲线

图 3.51～图 3.53 为裂缝 A、B、C 在弯矩为 310 kN·m 时裂缝宽度随深度的变化对比曲线,可知试验与数值计算得出的裂缝形态相似,均呈倒三角形对称分布,且混凝土表面裂缝宽度最大的为裂缝 B,其原因为管片该处的挠度变化最大,裂缝张开度大。各条裂缝的深度排序为裂缝 B＞裂缝 A＞裂缝 C,其中裂缝 B 与裂缝 A 及裂缝 C 的深度差分别为 8 mm 和 12 mm。

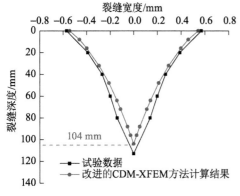
图 3.51 裂缝 B 的宽度随深度的变化曲线

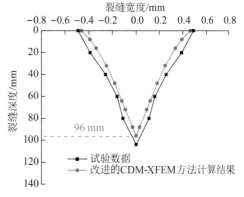
图 3.52 裂缝 A 的宽度随深度的变化曲线

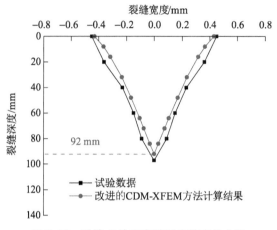

图3.53 裂缝C的宽度随深度的变化曲线

3)管片挠度对比

图3.54和图3.55为试验与不同方法计算出的竖向挠度对比曲线,由图可知,管片竖向位移随裂缝宽度增加呈对数式增大,在加载前期各种方法计算出的曲线与试验均较接近,当外弧面最大裂缝宽度超过0.4 mm时,各条曲线的位移差异逐渐增大,其中改进的CDM-XFEM方法计算出的位移曲线与试验的相对差异最小,在整个加载过程中,改进的CDM-XFEM方法算出的竖向位移与试验的最大差值为5%,而未改进的CDM-XFEM方法计算出的竖向位移与试验的最大差值为26%。

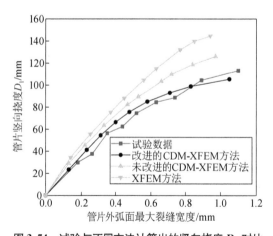

图3.54 试验与不同方法计算出的竖向挠度D_1对比

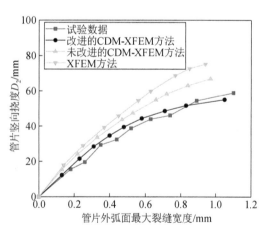

图3.55 试验与不同方法计算出的竖向挠度D_2对比

4)混凝土应变对比

图3.56和图3.57为试验与数值计算出的1号点和2号点的混凝土应变曲线,由图可知混凝土应变随裂缝宽度增加呈指数式增大,改进的CDM-XFEM方法计算出的曲线与试验相对差异最小,而未改进的CDM-XFEM方法与XFEM方法计算出的结果接近,其曲线

的斜率大于试验结果。在整个加载过程中,改进的 CDM-XFEM 方法计算出的混凝土应变与试验的最大差值为 8%,而未改进的 CDM-XFEM 方法算出的混凝土应变与试验的最大差值为 36%。

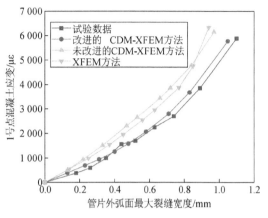

图 3.56　1 号点混凝土应变对比曲线

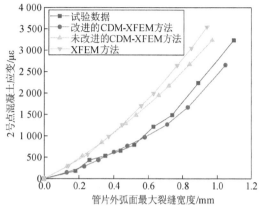

图 3.57　2 号点混凝土应变对比曲线

5) 计算方法对比

图 3.58 为 3 种裂缝算法在不同荷载阶段的计算耗时对比,由图可知,当管片弯矩为 170 kN·m 时各种方法的计算耗时接近,随弯矩增加不同方法之间的计算耗时差异逐渐变大,3 种方法的计算耗时排序为:改进的 CDM-XFEM＜XFEM＜未改进的 CDM-XFEM。当管片弯矩为 224 kN·m 时,改进的 CDM-XFEM 方法比未改进的 CDM-XFEM 的计算时长减少了 26%,当管片弯矩为 310 kN·m 时,改进的 CDM-XFEM 方法比未改进的 CDM-XFEM 的计算时长减少了 35%,说明采用优化距离正则化水平集的裂缝算法能显著提高计算效率。

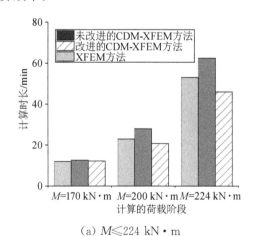

(a) $M \leqslant 224$ kN·m

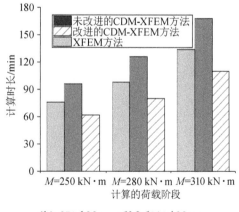

(b) 250 kN·m $\leqslant M \leqslant 310$ kN·m

图 3.58　各个裂缝算法在不同荷载阶段的计算耗时对比

参考文献

[1] COMI C, MARIANI S, PEREGO U. An extended FE strategy for transition from continuum damage to mode I cohesive crack propagation[J]. International journal for numerical and analytical methods in geomechanics, 2007, 31:213-238.

[2] NIKOLAKOPOULOS K, CRETE J P, LONGERE P. Volume averaging based integration method in the context of XFEM-cohesive zone model coupling[J]. Mechanics research communications, 2020, 104:103485.

[3] SANTOS F, SOUSA J. A viscous-cohesive model for concrete fracture in quasi-static loading rate[J]. Engineering fracture mechanics, 2020, 228:106893.

[4] ROTH S N, LÉGER P, SOULAIMANI A. A combined XFEM-damage mechanics approach for concrete crack propagation[J]. Computer methods in applied mechanics and engineering, 2015, 283:923-955.

[5] PASS M, SCHREURS P, BREKELMANS W. A continuum approach to brittle and fatigue damage: theory and numerical procedures[J]. International journal of solids and structures, 1993, 30(4):579-599.

[6] GUNN R M. Non-linear analysis of arch dams including an anisotropic damage mechanics based constitutive model for concrete[D]. Brighton, South East England, UK: university of brighton, 1998.

[7] JIRÁSEK M, DESMORAT R. Localization analysis of nonlocal models with damage-dependent nonlocal interaction[J]. International journal of solids and structures, 2019, 174/175:1-17.

[8] HATZIGEORGIOU G, BESKOS D, THEODORAKOPOULOS D, et al. A simple concrete damage model for dynamic FEM applications[J]. International journal of computational engineering science, 2001, 2(2):267-286.

第 4 章
盾构隧道临土侧的锈裂形态

盾构隧道临土侧混凝土的锈裂形态与外部荷载大小、氯离子含量、杂散电流大小密切相关。本章采用横跨度、纵跨度、锈裂面最大宽度及锈裂角作为管片锈裂形态的表征指标,结合第 2 章得出的荷载-氯离子-电流耦合作用下锈层计算方法和第 3 章得出的改进的 CDM-XFEM 方法,分析管片三维锈裂形态的变化规律。最后,采用非线性回归的方法建立锈裂形态指标与各因素的函数关系。

4.1 荷载对盾构隧道临土侧锈裂的影响

4.1.1 外部荷载对锈胀裂缝形态的影响

1) 开裂面的变化云图

根据 3.2 节计算得出的锈蚀范围可知,钢筋锈蚀的范围为外侧主筋,由于管片裂缝段钢筋的曲率很大,可近似等效为圆直钢筋,外弧面也可等效为平面,取管片混凝土裂缝段作为分析对象,将 3 条荷载裂缝作为预制裂缝面插入到研究对象中,8 根主筋从左往右依次命名为S1～S8,如图 4.1 所示。通过公式(2.42)计算不同因素作用下管片的锈层厚度,然后在钢筋外侧的混凝土面施加边界荷载模拟锈裂,管片的锈胀开裂采用改进的 CDM-XFEM 方法。

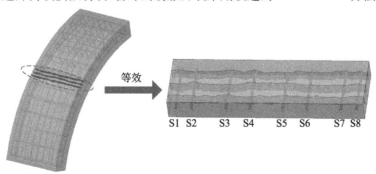

图 4.1 管片钢筋混凝土锈裂分析对象示意图

图 4.2 为锈蚀 10 a 时,不同弯矩作用下管片钢筋锈胀开裂变化云图,其中外界输入电压均为 1 V,管片混凝土表面氯离子含量均为 0.4%,可看出各个钢筋的开裂面近似呈 3 个"串联椭圆"的形态(图中虚线所示),随管片弯矩增加,锈裂面不断向两边扩展,相邻"椭圆"的交叉范围也在不断增大。

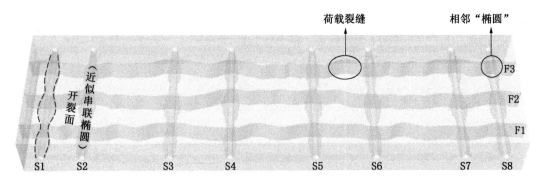

(a) 弯矩 M 为 220 kN·m

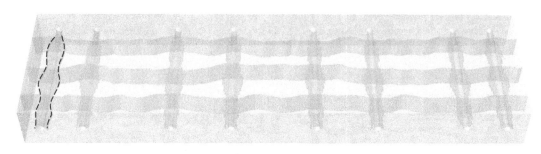

(b) 弯矩 M 为 260 kN·m

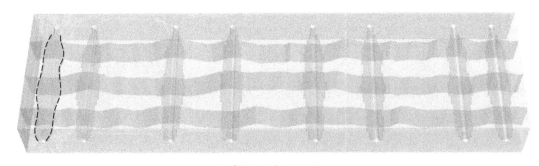

(c) 弯矩 M 为 300 kN·m

图 4.2　不同荷载下管片钢筋锈胀开裂面云图

2) 开裂面的横跨度

为了表征开裂面的几何特征,采用横跨度 H_C 和纵跨度 L_C 作为开裂面的分析指标,在 F1、F2、F3 截面处的横跨度分别命名为 H_1、H_2、H_3,如图 4.3 所示。

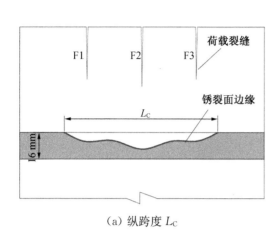
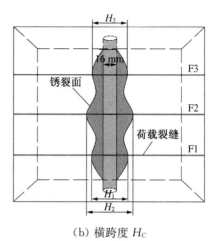

（a）纵跨度 L_C （b）横跨度 H_C

图 4.3　锈胀裂纹形态指标的横跨度及纵跨度示意图

图 4.4 和图 4.5 为 S1 钢筋 F1 和 F2 截面在不同弯矩作用下的横跨度随时间的变化曲线,由图可知,F1 和 F2 截面处的开裂面横跨度变化趋势基本相同,均呈 S 形曲线增长,曲线的拐点均位于锈蚀第 8 a。图 4.6 为锈蚀年限为 10 a 时,S1 钢筋在 3 个截面处的开裂面横跨度与管片弯矩的关系曲线,由图可知,F2 截面处的横跨度始终为最大,各个截面的横跨度增长斜率也并不相同,即当管片弯矩从 220 kN·m 增大到 320 kN·m 时,F1、F2、F3 截面的开裂面横跨度分别增大了 27%、51%、37%。由于管片钢筋呈左右对称,因此左右两边的锈胀裂缝规律基本相同,选取左边 4 根钢筋的横跨度进行分析,图 4.7 为钢筋 S1～S4 在 F1 截面处的开裂面横跨度与管片弯矩的关系曲线,可知各个钢筋横跨度的增长斜率相同,横跨度的大小排序为:S1>S2>S3>S4。

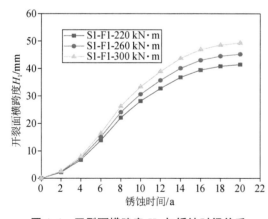
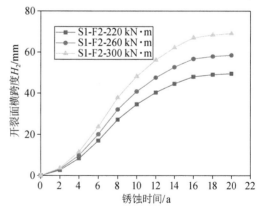

图 4.4　开裂面横跨度 H_1 与锈蚀时间关系　　**图 4.5　开裂面横跨度 H_2 与锈蚀时间关系**

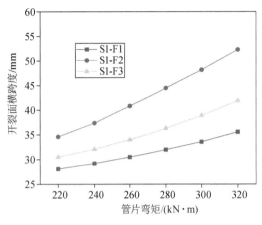
图 4.6 S1 不同截面处的开裂面横跨度

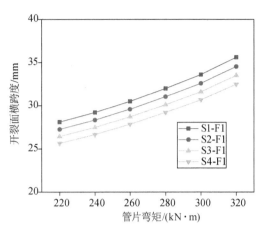
图 4.7 各个钢筋在 F2 截面处的开裂面横跨度

3) 开裂面的纵跨度

图 4.8 为不同弯矩作用下的开裂面纵跨度随时间的变化曲线,由图可知,各个钢筋的纵跨度随锈蚀时间前期近似呈线性增长,当锈蚀时间超过 6 a 时,开裂面的纵跨度逐渐达到稳定值 310 mm,且弯矩越大,纵跨度的变化斜率越大。图 4.9 为锈蚀 3 a 时,各个钢筋的纵跨度随管片弯矩的变化曲线,可知各个钢筋的纵跨度均随弯矩变大呈非线性增大,且相邻钢筋之间的纵跨度差值不超过 4 mm,同一弯矩下各个钢筋的开裂面纵跨度大小排序为:S1>S2>S3>S4。

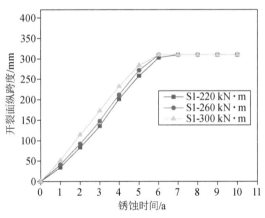
图 4.8 S1 钢筋的纵跨度与锈蚀时间关系

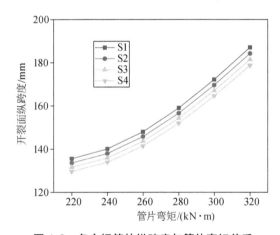
图 4.9 各个钢筋的纵跨度与管片弯矩关系

4.1.2 外部荷载对锈胀裂缝宽度的影响

锈胀裂缝的宽度和夹角是反映管片锈裂程度的重要指标,当锈胀裂缝未完全贯通到管片表面时,裂缝的最大宽度位于钢筋表面,距钢筋表面越远宽度越小,如图 4.10 和图 4.11 所示。图 4.12~图 4.14 为不同弯矩下 F1、F2、F3 截面的最大裂缝宽度随时间的变化曲线,由图可知，各个截面的最大裂缝宽度随锈蚀时间的变化趋势相同，均呈幂函数形式增长，这是由于后期锈蚀速率受到氧气浓度的限制，逐渐趋于稳定造成的。当锈蚀时间达到 20 a 时，锈胀裂缝的最大宽度达到了 0.42 mm。此外，不同截面裂缝宽度的增速受弯矩的影响程度不同，如图 4.15 所示，当弯矩从 220 kN·m 增加到 300 kN·m 时，F1、F2、F3 截面的锈胀裂缝最大宽度分别增加了 15%、21%、19%。

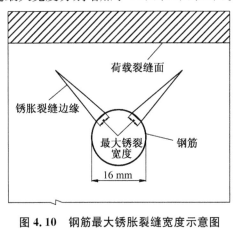

图 4.10 钢筋最大锈胀裂缝宽度示意图　　图 4.11 钢筋锈裂角示意图

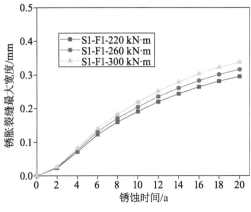

图 4.12 S1 在 F1 截面的锈胀裂缝宽度变化

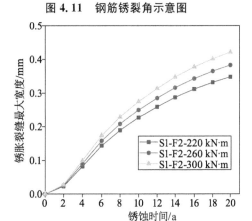

图 4.13 S1 在 F2 截面的锈胀裂缝宽度变化

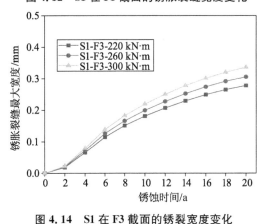

图 4.14 S1 在 F3 截面的锈裂宽度变化

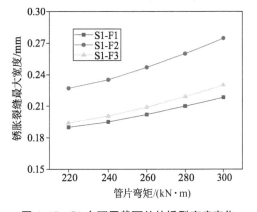

图 4.15 S1 在不同截面处的锈裂宽度变化

4.1.3 外部荷载对锈胀裂缝夹角的影响

计算表明管片钢筋两侧的锈裂角相等,取左侧的锈裂角进行分析。如图 4.16 为不同弯矩下沿钢筋弧长方向的锈裂角分布曲线,由此可知锈裂角的分布范围为 25°~48°,随弯矩增大锈裂角的曲线形态也发生较大改变,但同一弯矩下各个钢筋之间锈裂角曲线形态基本相同,且相邻钢筋之间的锈裂角差值不超过 3°,如图 4.17 所示,这是由于相邻钢筋之间对应的横向裂缝的宽度差异小,钢筋锈层形态差异小造成的。图 4.18 为 S1 钢筋各个截面的锈裂角随弯矩的变化曲线,由此可知各个截面的锈裂角均随弯矩增大呈非线性减小,且始终保持着 F1>F3>F2 的规律,在同一截面处相邻钢筋的锈裂角的大小排序为 S4>S3>S2>S1,如图 4.19 所示。

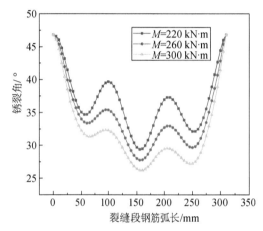

图 4.16 S1 的锈裂角与荷载的关系图

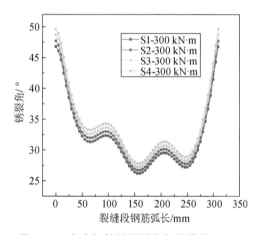

图 4.17 各个钢筋的锈裂角与荷载的关系图

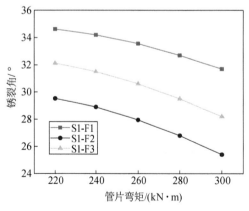

图 4.18 S1 在不同截面处的锈裂角变化

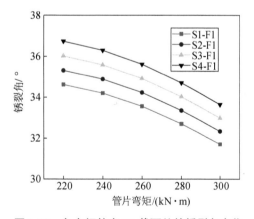

图 4.19 各个钢筋在 F1 截面处的锈裂角变化

4.2 氯离子对盾构隧道临土侧锈裂的影响

4.2.1 氯离子含量对锈胀裂缝形态的影响

1) 开裂面的变化云图

钢筋表面氯离子含量的增加会改变阳极的平衡电位,影响钢筋的锈蚀速率。图 4.20 为锈蚀 10 a 时不同氯离子含量下管片钢筋的锈胀开裂分布云图,其中外界输入电压均为 1 V,管片弯矩均为 260 kN·m。由图可知,随着氯离子含量增大,开裂面的形态并未发生较大改变,仍然呈现出 3 个"串联椭圆"的形态,但各个截面处的开裂面范围增大的幅度不同,开裂面范围增加最多的位于 F2 截面处。

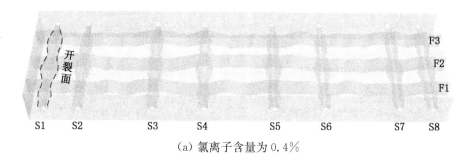

(a) 氯离子含量为 0.4%

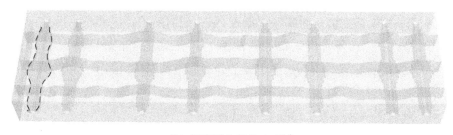

(b) 氯离子含量为 0.6%

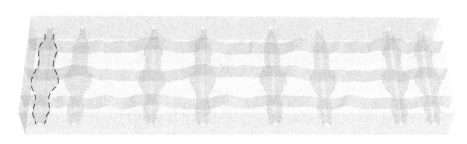

(c) 氯离子含量为 0.8%

图 4.20 不同氯离子含量下管片钢筋锈胀开裂面云图

2) 开裂面的横跨度

图 4.21 和图 4.22 为钢筋 S1 在 F1 截面及 F2 截面处的横跨度随锈蚀时间的变化曲线图。由图可知,开裂面横跨度的变化可分为三个阶段:缓慢增长阶段、快速增长阶段、平缓增长阶段。这是由于前期氯离子扩散到钢筋表面的范围及含量较少,锈胀压力相对较小,随着锈蚀时间增长,钢筋表面的氯离子含量不断累积,加快了腐蚀速率,在锈蚀后期腐蚀速率由于受到极限电流密度及氧气含量的限制影响,开裂面的横跨度逐渐平缓增长。

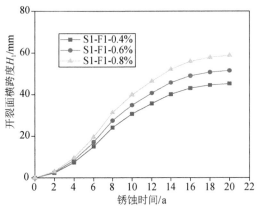

图 4.21 横跨度 H_1 与锈蚀时间的关系   图 4.22 横跨度 H_2 与锈蚀时间的关系

图 4.23 为锈蚀年限为 10 a 时,S1 钢筋在 3 个截面处的开裂面横跨度与氯离子含量的关系曲线。由图可知,不同截面处的开裂面横跨度均随氯离子含量变化呈幂函数型曲线增长,上下两个截面的横跨度增长斜率基本接近,中间截面的横跨度增长幅度最大,当氯离子含量从 0.4% 增大到 0.8% 时,F1、F2、F3 截面的开裂面横跨度分别增大了 29%、73% 和 42%。图 4.24 为钢筋 S1~S4 在 F2 截面处的开裂面横跨度与氯离子含量的关系曲线,可知各个钢筋的开裂面横跨度增长趋势基本相同,其中靠近管片边缘的 S1 钢筋横跨度最大,相邻钢筋之间的开裂面横跨度最大差值小于 2 mm。

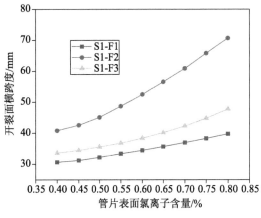 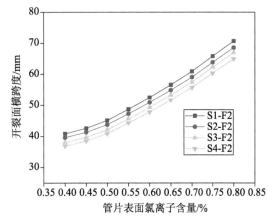

图 4.23 钢筋 S1 在不同截面处开裂面横跨度   图 4.24 各个钢筋在 F2 截面处开裂面横跨度

3) 开裂面的纵跨度

图 4.25 为不同锈蚀时间下钢筋 S1 在不同氯离子含量下的开裂面纵跨度变化曲线。由图可知，氯离子含量越大，开裂面纵跨度的增长斜率越大，当锈蚀时间达到 6 a 时，各个含量的开裂面纵跨度均达到稳定值 310 mm。图 4.26 为锈蚀 3 a 时各钢筋开裂面纵跨度与氯离子含量的变化关系曲线。由图可知，各个钢筋的开裂面纵跨度均随氯离子含量增大近似呈线性增长，相邻钢筋的纵跨度差值较小，且保持着 S1>S2>S3>S4 的规律。

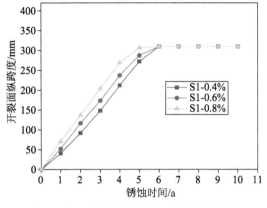

图 4.25 S1 钢筋纵跨度与锈蚀时间关系

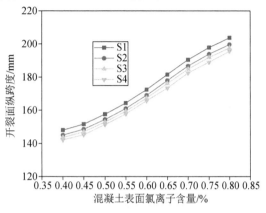

图 4.26 各钢筋纵跨度与氯离子含量关系

4.2.2 氯离子含量对锈胀裂缝宽度的影响

图 4.27～图 4.29 为不同锈蚀时间下各个截面的裂缝最大宽度曲线变化图。由图可知，无论是截面 F1 还是截面 F2、F3，锈胀裂缝的最大宽度均随锈蚀时间呈非线性增大，且锈蚀时间越长，钢筋同一截面处不同含量之间的锈胀裂缝宽度差值越显著。图 4.30 为锈蚀年限为 10 a 时，钢筋 S1 在不同截面的最大裂缝宽度与混凝土表面氯离子含量的关系曲线图，可知 F2 截面处的裂缝最大宽度的增长斜率最大，当氯离子含量从 0.4% 增加到 0.8% 时，锈胀裂缝的最大宽度增加了 0.12 mm，而其余 2 个截面仅增加了 0.04 mm 和 0.02 mm。

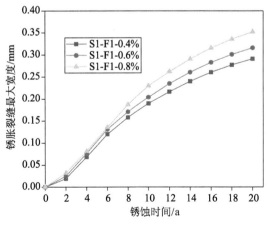

图 4.27 钢筋 S1 在 F1 截面处锈裂宽度变化

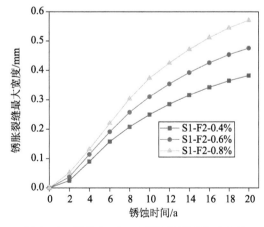

图 4.28 钢筋 S1 在 F2 截面处锈裂宽度变化

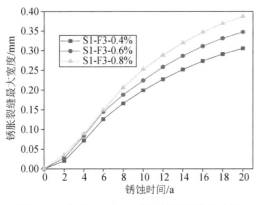

图 4.29　钢筋 S1 在 F3 截面处锈裂宽度变化　　图 4.30　钢筋 S1 锈裂宽度与氯离子含量关系

4.2.3　氯离子含量对锈胀裂缝夹角的影响

图 4.31 为不同氯离子含量下锈裂角沿弧长方向的分布曲线，由图可知氯离子含量越大，锈裂角越小，且荷载裂缝截面处的锈裂角位于曲线的波谷位置。由图 4.32 可知，同一氯离子含量下不同钢筋之间锈裂角的最大差异不超过 3°。取截面 F1、F2、F3 处的锈裂角作为研究对象，由图 4.33 可知不同截面的锈裂角均随氯离子含量增大近似呈线性减小，且 F2 截面处的减小程度最明显，当氯离子含量从 0.4% 增大到 0.8% 时，F2 截面处的锈裂角减小了 7°，而 F1 截面和 F3 截面的锈裂角仅减小了 3°和 2°。图 4.34 为不同钢筋在同一截面处的锈裂角变化曲线，由图可看出相邻钢筋之间的锈裂角变化趋势基本相同，且不同钢筋之间的锈裂角差值未超过 2°。

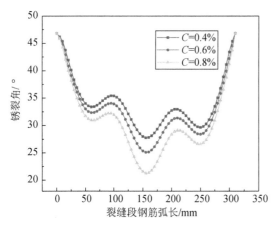

图 4.31　不同氯离子含量下锈裂角的变化图

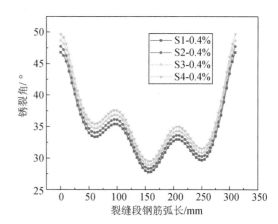

图 4.32　$C=0.4\%$ 各个钢筋的锈裂角变化图

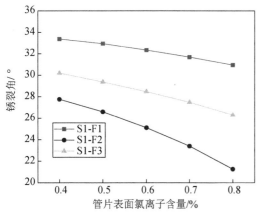
图 4.33 钢筋 S1 锈裂角与氯离子含量关系

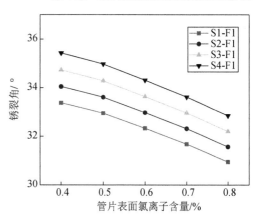
图 4.34 各个钢筋锈裂角与氯离子含量关系

4.3 杂散电流对盾构隧道临土侧锈裂的影响

4.3.1 杂散电流对锈胀裂缝形态的影响

1) 开裂面的变化云图

图 4.35 为不同输入电压下的管片锈胀开裂面云图,其管片表面氯离子含量均为 0.4%,

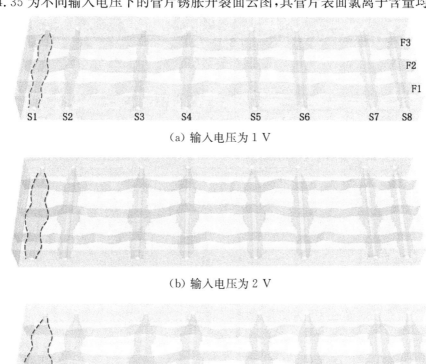

(a) 输入电压为 1 V

(b) 输入电压为 2 V

(c) 输入电压为 3 V

图 4.35 不同杂散电流下管片钢筋锈胀开裂面云图

管片弯矩均为 260 kN·m,相比 4.2.1 节的锈胀开裂面云图,随着输入电压增大,F1~F3 截面附近的锈裂面积呈均匀增长,整体形态仍然呈现 3 个"串联椭圆",且各个钢筋之间的锈裂面形态差异较小。

2) 开裂面的横跨度

图 4.36 和图 4.37 为钢筋 S1 在不同电压下的横跨度随时间的变化曲线。由图可知,开裂面 F1 和 F2 截面的横跨度曲线变化规律相同,均是前期快速增大,后期增速逐渐降低。图 4.38 为锈蚀年限为 10 a 时,S1 钢筋在 3 个截面处的开裂面横跨度与输入电压的关系曲线,相比 4.2.1 节中氯离子含量对横跨度的影响,各个截面的横跨度增长斜率并未有差异,即当输入电压从 0.5 V 增大到 3.5 V 时,F1、F2、F3 截面的开裂面横跨度均约增大了 78%。图 4.39 为钢筋 S1~S4 在 F1 截面处的开裂面横跨度与氯离子含量的关系曲线,由图可知各个钢筋的开裂面横跨度变化趋势相同,靠近管片边缘的 S1 钢筋横跨度最小,相邻钢筋之间的开裂面横跨度最大差值小于 3 mm。

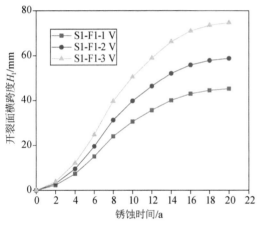

图 4.36 横跨度 H_1 与锈蚀时间的变化关系

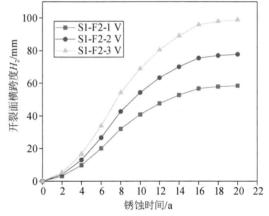

图 4.37 横跨度 H_2 与锈蚀时间的变化关系

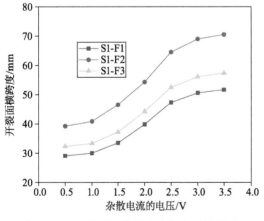

图 4.38 不同截面处横跨度与电压的关系

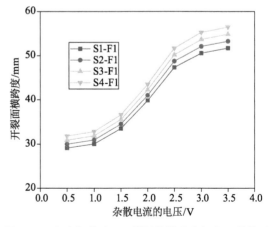

图 4.39 各个钢筋在 F1 截面处横跨度与电压的关系

3) 开裂面纵跨度

图 4.40 为不同锈蚀时间下钢筋 S1 在不同输入电压下的开裂面纵跨度变化曲线。由图可知,输入电压越大,纵跨度达到稳定值 310 mm 的时间越短,即在锈蚀第 5 a 时,输入电压为 3 V 时达到了 310 mm,而输入电压为 1 V 和 2 V 的纵跨度分别为 272 mm 和 295 mm。图 4.41 为锈蚀 3 a 时各个钢筋开裂面纵跨度与输入电压的变化关系曲线。由图可知,钢筋 S1~S4 的开裂面纵跨度均随输入电压增大呈指数型函数增长,靠近管片边缘 S1 钢筋的纵跨度最大,相邻钢筋的纵跨度差值保持在 2~5 mm 之间。

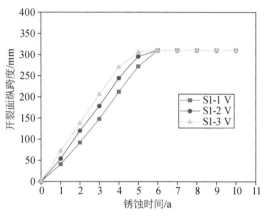

图 4.40 S1 钢筋纵跨度与锈蚀时间的关系　　图 4.41 各个钢筋纵跨度与输入电压的关系

4.3.2 杂散电流对锈胀裂缝宽度的影响

以 S1 钢筋作为分析对象,图 4.42~图 4.44 为不同输入电压下 F1、F2、F3 截面的锈胀裂缝最大宽度随时间的曲线变化图。由图可知,同一时间段各个截面的锈胀裂缝最大宽度均保持着 F2>F3>F1 的规律,且变化趋势基本相同。图 4.45 为锈蚀年限为 10 a 时,不同

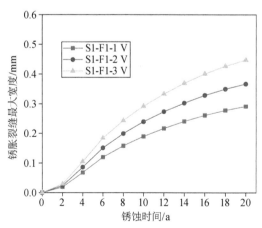
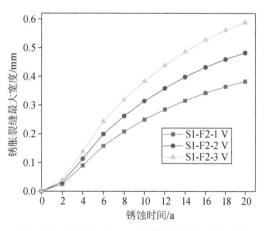

图 4.42 钢筋 S1 在 F1 截面处锈裂宽度的变化　　图 4.43 钢筋 S1 在 F2 截面处锈裂宽度的变化

截面的锈胀裂缝最大宽度与输入电压的关系曲线图。由图可知各个截面的锈胀裂缝最大宽度均随输入电压呈线性增大,且增长斜率相等,当输入电压从 1 V 增加到 3 V 时,F1、F2、F3 截面的锈胀裂缝最大宽度分别增加了 0.1 mm、0.13 mm、0.11 mm。

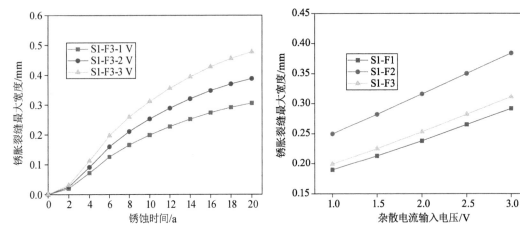

图 4.44 钢筋 S1 在 F3 截面处锈裂宽度的变化　　图 4.45 各个截面处锈裂宽度与电压的变化关系

4.3.3 杂散电流对锈胀裂缝夹角的影响

相比 4.2.3 节中氯离子含量对锈胀裂缝夹角的影响规律,图 4.46 中输入电压对截面 F1～F3 处锈裂角的影响程度则接近,且同一电压下不同钢筋之间锈裂角的差值不超过 4°,如图 4.47 所示。图 4.48 为截面 F1～F3 的锈裂角与输入电压的关系曲线,可知不同截面的锈裂角均随输入电压增大呈非线性减小,且各个截面处的减小斜率相同,当输入电压从 1 V 增大到 3 V 时,截面 F1、F2、F3 的锈裂角分别减小了 6.7°、8.4°、7.8°。图 4.49 为不同钢筋在同一截面处的锈裂角变化曲线,可看出相邻钢筋之间的锈裂角差值并未随输入电压的增大发生明显变化,锈裂角的差值基本保持在 0.3°～0.6°之间。

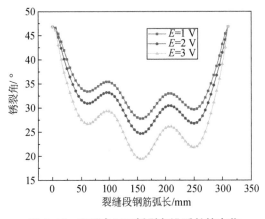

图 4.46 不同电压下锈裂角沿弧长的变化

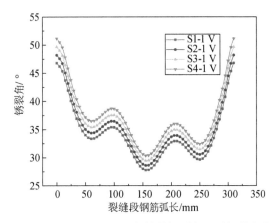

图 4.47 $E=1$ V 时不同钢筋的锈裂角沿弧长的变化

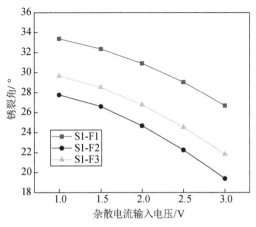

图 4.48 钢筋 S1 的锈裂角与输入电压关系

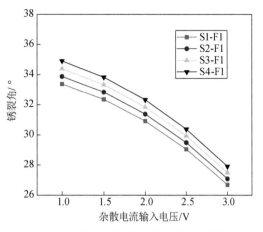

图 4.49 各个钢筋的锈裂角与输入电压关系

4.4 影响因素与锈裂形态的关系

选取最左侧钢筋 S1 作为分析对象,以管片弯矩 M、管片外弧面氯离子含量 C、杂散电流输入电压 E 作为因变量,以锈蚀时间 T、裂缝面的纵跨度 L、F2 截面对应的横跨度 H、F2 截面对应的裂缝最大宽度 W、最大裂缝夹角 θ 作为自变量,进行多元非线性回归分析,建立它们之间的函数关系。

以杂散电流输入电压 E 与 H、L、W、θ 的函数关系为例,绘制相应的散点图,如图 4.50~图 4.53 所示。

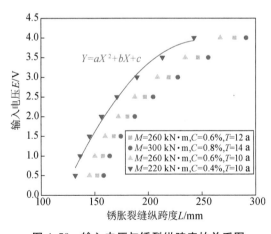

图 4.50 输入电压与锈裂纵跨度的关系图

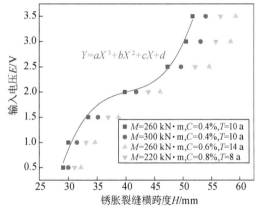

图 4.51 输入电压与锈裂横跨度的关系图

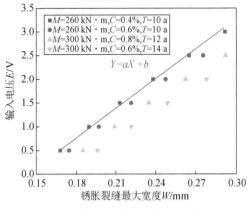
图 4.52 输入电压与锈裂宽度的关系图

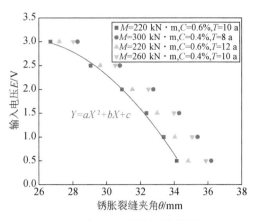
图 4.53 输入电压与锈裂角的关系图

由图 4.50～图 4.53 可知,散点图的形式符合线性函数、二次函数、三次函数的曲线特征,因此设立多元非线性回归模型,通过 MATLAB 的 nlinfit 函数求解,可得相应回归系数,即式(4.1):

$$E=1.2T(0.8H^3+0.3H^2+0.02L^2-0.4\theta^2+0.04L+0.5H+24.6W+0.6\theta+0.3) \quad (4.1)$$

同理,对其余 2 个因变量进行非线性回归可得出以下公式:

$$C=0.03T(0.05H^3+0.08H^2+0.006L^2-0.008\theta^2+0.003L+0.04H+1.2W+13.5\theta+0.4)$$

$$M=0.9T(1.6H^3+0.9H^2+0.8L^2-1.2\theta^2+0.3L+1.3H+163.1W+1.5\theta+11.4)$$
$$(4.2)$$

上述回归方程中,各个自变量参数的适用范围为:

$$\begin{cases} 0<H\leqslant100, \\ 0<L\leqslant310, \\ 0<W\leqslant0.6, \\ 18<\theta\leqslant50, \\ 0<T\leqslant100 \end{cases} \quad (4.3)$$

对回归得到的模型仍然采用多重可决系数进行拟合优度检验,多重可决系数 R^2 表示为:

$$R^2=\frac{\mathrm{TSS}-\mathrm{RSS}}{\mathrm{TSS}} \quad (4.4)$$

式(4.4)中,RSS 表示残差平方和,TSS 表示总离差平方和,R^2 越接近 1,则拟合效果越好。表 4.1 为各个自变量的拟合检验结果,可知各个多重可决系数均接近 1,说明拟合效果较佳。

表 4.1 锈裂指标拟合优度检验表

参数	H	L	W	θ	T
R^2	0.981	0.992	0.987	0.995	0.983

第 5 章
临土侧锈裂对管片抗弯刚度的影响

临土侧锈裂会导致抗弯刚度发生退化，既有研究均采用矩形构件作为管片的等效构件，通过试验研究锈裂引起抗弯刚度的变化情况。然而，结构尺寸及钢筋分布的差异会改变钢筋锈胀压力的分布形式，得出的抗弯刚度退化规律可能与实际管片差异较大。因此，本章采用真实管片作为研究对象，基于改进的 CDM-XFEM 计算方法，进一步考虑锈胀裂缝与荷载裂缝交叉以及锈蚀对钢筋-混凝土黏结力的影响，引入交叉富集函数及零厚度黏结单元到 CDM-XFEM 主程序中，对单块管片的刚度退化进行数值模拟，并与荷载-氯离子-电流耦合作用下管片抗弯刚度退化试验进行对比验证。

5.1 管片抗弯刚度退化试验分析

5.1.1 试验目的

本试验的目的是研究盾构管片受外部荷载-氯离子-杂散电流共同作用下发生锈裂产生的刚度退化规律。首先，选取拱腰部位的管片作为研究对象，通过装置施加荷载模拟拱腰部位管片受弯作用下的开裂情况；其次，保持荷载不变，在管片顶部放置腐蚀溶液，模拟管片外弧面受地下水中氯离子腐蚀的影响；再次，采用通电装置连通管片钢筋及铜片，将铜片放置于溶液装置内，模拟管片钢筋同时受杂散电流腐蚀的影响；最后，等锈裂一段时间后测量挠度及裂缝的变化情况，分析锈裂引起管片抗弯刚度的退化规律。试验设计思路如图 5.1 所示。

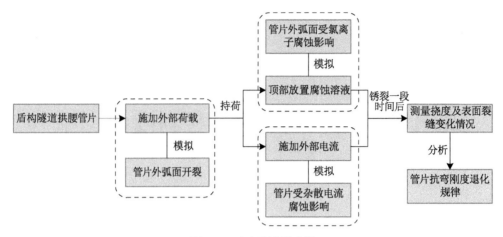

图 5.1　试验设计思路图

5.1.2　试验设备

1) 加载设备及通电设备

通电仪器采用的是直流稳压电源,可调节的电流范围为 1~50 A,电压范围为 1~100 V,输出精度均为 0.05%,实物如图 5.2 所示。通过在管片两侧打孔,将管片钢筋与通电仪输出端的正极相连,将溶液中的铜片与通电仪输出端的负极相连,形成回路,来模拟管片钢筋受杂散电流腐蚀的影响,如图 5.3 所示。

图 5.2　直流稳压电源仪器

图 5.3　通电装置连接管片钢筋照片

2) 腐蚀溶液装置

腐蚀溶液装置由 4 块厚度为 10 mm 的透明亚克力板拼接而成,亚克力板的尺寸如图 5.4 所示,当管片加载到指定荷载后,将板与板及管片之间采用玻璃胶进行连接,如图 5.5 所示,保证装置上方的溶液不从裂缝中渗出,腐蚀溶液由蒸馏水和纯 NaCl 试剂组成。

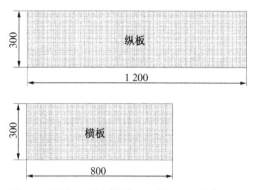 

图 5.4 亚克力板在横纵方向的尺寸(单位:mm)　　　图 5.5 亚克力板拼接照片

5.1.3 试验工况及测试内容

试验的工况包含 4 组管片,第 1 组管片加载至 224 kN·m,即表面最大裂缝宽度为 0.46 mm,最大裂缝深度为 60 mm(由图 3.45～图 3.50 可知);其余 3 组均加载至 310 kN·m,即表面最大裂缝宽度为 1.1 mm,最大裂缝深度为 116 mm(由图 3.45～图 3.50 可知)。其中第 2 组和第 3 组的氯离子含量有所差异,第 4 组和第 2 组的输入电压有所差异,具体的差异量详见表 5.1。

表 5.1 试验工况统计表

组数	弯矩/(kN·m)	溶液中氯离子含量	输入电压/V	锈蚀时间/d
第 1 组	224	0.4%	10	80
第 2 组	310	0.4%	10	80
第 3 组	310	0.8%	10	80
第 4 组	310	0.4%	20	80

试验测试的内容包含三部分:
(1) 锈裂前后管片跨中截面的挠度变化;
(2) 锈裂前后管片表面最大裂缝的宽度及深度变化;
(3) 管片在开裂区域的钢筋锈蚀情况。

5.1.4 试验结果

1) 挠度变化

由图 5.6(b)可知,当荷载裂缝宽度增加 1 倍后,第 1 组和第 2 组的挠度变化差值为 5 mm;而在相同荷载及外部电压情况下,氯离子含量加倍后的两组挠度变化差值达到了

6 mm,如图 5.6(c)所示;在相同荷载及氯离子含量情况下,外部电压加倍后的两组挠度变化差值达到了 9 mm,如图 5.6(d)所示。由此说明外部电压的改变对管片抗弯刚度的影响比氯离子含量及荷载裂缝宽度更明显。

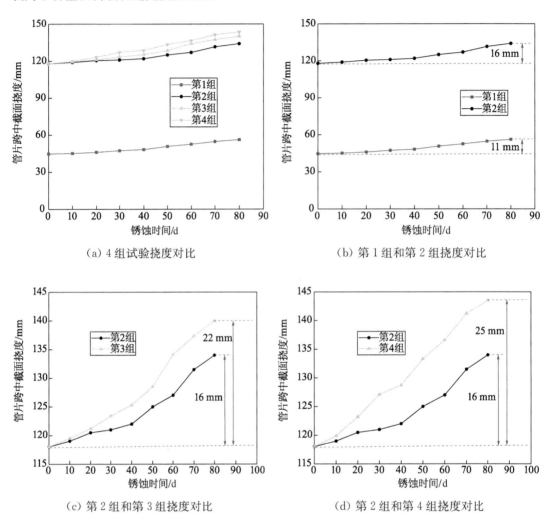

图 5.6 4 组试验的管片跨中截面挠度对比曲线

2) 裂缝宽度变化

图 5.7 为 4 组试验的裂缝宽度变化曲线,由图可知,各组的裂缝宽度均随锈蚀时间增大呈非线性增大,当锈蚀时间为 80 d 时,各组裂缝宽度的增量分别达到了 26%、29%、50%、56%,最大裂缝宽度为 1.72 mm,说明杂散电流的增加对裂缝宽度的影响最明显,其次为氯离子含量。

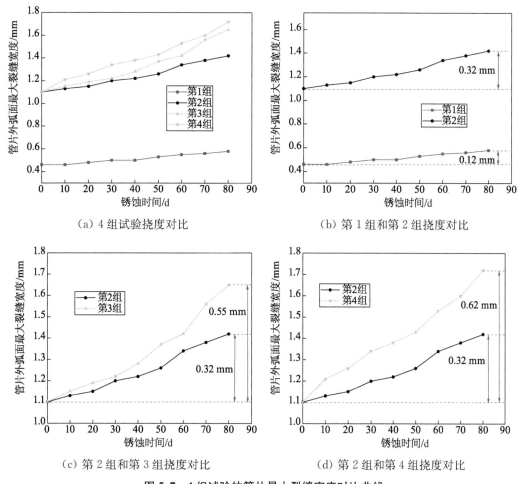

(a) 4组试验挠度对比

(b) 第1组和第2组挠度对比

(c) 第2组和第3组挠度对比

(d) 第2组和第4组挠度对比

图 5.7　4组试验的管片最大裂缝宽度对比曲线

3) 裂缝深度变化

图 5.8 为 4 组试验的裂缝深度变化曲线,由图可知,裂缝深度的变化规律与裂缝宽度相近,当锈蚀时间达到 80 d 时,各组的裂缝深度增量分别达到了 42%、35%、52%、57%,最大裂缝深度为 183 mm。

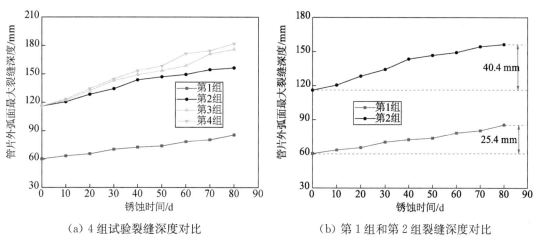

(a) 4组试验裂缝深度对比

(b) 第1组和第2组裂缝深度对比

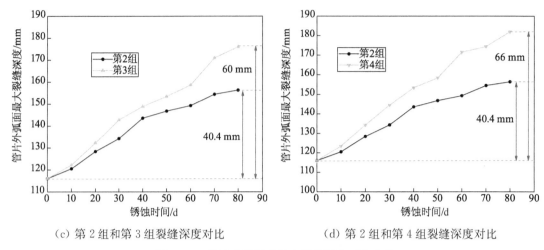

(c) 第2组和第3组裂缝深度对比　　　　(d) 第2组和第4组裂缝深度对比

图 5.8　4 组试验的管片最大裂缝深度对比曲线

4) 内部钢筋锈蚀情况

锈蚀试验后,以裂缝为中心线,在管片端部通过切割混凝土察看内部钢筋的锈蚀情况,由图 5.9 可知,各条裂缝处的主筋、纵向筋、箍筋均发生了不同程度的锈蚀,锈层呈棕黄色,局部有土灰色斑点。

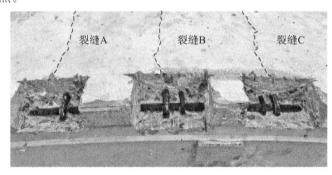

(a) 钢筋锈蚀观测区域

(b) 裂缝 A 处　　　　(c) 裂缝 B 处　　　　(d) 裂缝 C 处

图 5.9　管片内部钢筋锈蚀照片

5.2 管片抗弯刚度退化计算分析

5.2.1 管片计算模拟

1）模型参数

模型的尺寸与试验管片相同,选取主筋及纵向筋进行建模,不考虑箍筋及手孔螺栓钢筋的影响,为便于计算锈胀开裂将中心顶部的钢筋仍用圆直钢筋代替。模拟步骤分为两步,首先通过在端部施加水平荷载模拟管片顶部开裂,然后在裂缝段附近模拟外排主筋锈胀开裂,并设置外部荷载保持不变。其中管片开裂采用改进的 CDM-XFEM 计算方法。

此外,试验中输入电压的位置与锈胀压力计算方法中输入电压的位置有所差异,因此拟通过数值试算将试验的输入电压转化为计算方法的输入电压,计算时管片混凝土的电导率均取为 0.03×10^{-3} S/m,置换标准以管片 S1 钢筋 F2 截面的电压相等为依据,表 5.2 为试验与计算模型的输入电压对应表。

表 5.2 试验输入电压与计算方法输入电压对应表

S1 钢筋 F2 截面的电压/V	试验输入电压/V	计算方法中输入电压/V
2.4	5	21.5
5.6	10	39.8
8.2	15	49.8
12.7	20	60.7

2）荷载裂缝与锈胀裂缝交叉的模拟

模拟过程中会遇到荷载裂缝与锈胀裂缝相互交叉的情况,但 Abaqus 商业软件无法处理交叉裂缝的计算,因为内部程序只允许一个单元内部产生一条裂缝。本文采用 Cruz 的方法引入交叉富集函数 $J(x)$,即如式(5.1)所示,具体含义如图 5.10 所示,将交叉裂缝的 UEL 子程序嵌入到 CDM-XFEM 主程序实现计算,荷载裂缝与锈胀裂缝交叉的模拟云图如图 5.11 所示。

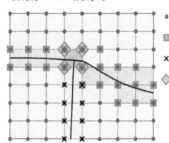

图 5.10 裂缝交叉单元示意图

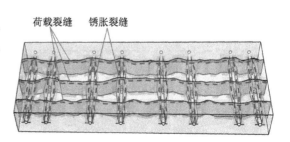

图 5.11 荷载裂缝与锈胀裂缝交叉模拟云图

$$J(x)=\begin{cases}0, & H_{\mathrm{I}}(x)\geqslant 0,\\ H_{\mathrm{II}}(x), & H_{\mathrm{I}}(x)<0\end{cases} \quad (5.1)$$

3）锈蚀后钢筋与混凝土间黏结力降低的模拟

对于钢筋与混凝土的界面黏结性能变化，本书采用 Abaqus 软件内置的零厚度黏结单元子程序进行模拟，钢筋混凝土黏结-滑移本构关系大致可用图 5.12 表示，分别包含：滑移段、劈裂段和下降段。为简化计算，本书采用陈朝晖提出的方法，将三折线简化为双线性内聚力模型，如图 5.13 所示。

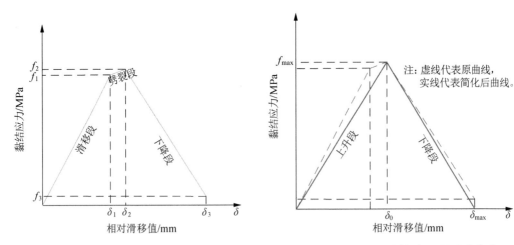

图 5.12　三折线黏结-滑移本构关系　　图 5.13　简化后的双线性黏结-滑移本构关系

双线性内聚力模型的黏结力 f 和滑移量 δ 的关系控制方程可表示为

$$f=\begin{cases}f_{\max}\dfrac{\delta}{\delta_0}, & (\delta\leqslant\delta_0),\\ f_{\max}\dfrac{\delta_{\max}-\delta}{\delta_{\max}-\delta_0}, & (\delta>\delta_0)\end{cases} \quad (5.2)$$

式(5.2)中，$f_{\max}$ 为未锈蚀钢筋的黏结峰值应力，δ_0 为未锈蚀钢筋的临界滑移量，$\delta_{\max}$ 为未锈蚀钢筋的最大滑移量，取值参考《混凝土结构设计规范》(GB 50010—2010)，如表 5.3 所示。

表 5.3　未锈蚀钢筋的黏结峰值应力及滑移量取值表

类别	黏结峰值应力 $f_{\max}$/MPa	临界滑移量 δ_0/mm	最大滑移量 $\delta_{\max}$/mm
数值	$3f_{\mathrm{t}}$	$0.04d$	$0.55d$

表 5.3 中，d 和 f_{t} 分别表示钢筋的直径及混凝土的抗拉强度，对于锈蚀段钢筋的黏结峰值应力 $f_{\max}^{\mathrm{corr}}$、临界滑移量 δ_0^{corr}、最大滑移量 $\delta_{\max}^{\mathrm{corr}}$ 的计算如式(5.3)和式(5.4)所示：

$$\begin{cases}f_{\max}^{\mathrm{corr}}=K_0 K_1 K_2 K_3 f_{\max},\\ \delta_0^{\mathrm{corr}}=P_0 P_1 P_2 P_3 \cdot 0.036\,8d,\\ \delta_{\max}^{\mathrm{corr}}=0.54d\end{cases} \quad (5.3)$$

$$\begin{cases} K_0 = 2.039\,8\left(\dfrac{1}{l}\right) + 1.241\,4, \\ K_1 = -0.617\,7 S_{\text{corr}} + 1.038, \\ K_2 = -0.179\,8\left(\dfrac{c}{d}\right)^2 + 1.192\,8\left(\dfrac{c}{d}\right) - 0.941, \\ K_3 = -8\,058.6\dfrac{f_t}{E_c} + 1.559\,9 \end{cases} \quad \begin{cases} P_0 = 0.003\,2l + 1.006\,1, \\ P_1 = 0.000\,69/S_{\text{corr}} + 0.357\,2, \\ P_2 = -0.613\,8\left(\dfrac{c}{d}\right) + 5.79, \\ P_3 = 2.1 f_t - 3.253\,5 \end{cases} \tag{5.4}$$

式(5.4)中，d、c、E_c、f_t、l、S_{corr}分别代表钢筋的直径、混凝土保护层的厚度、混凝土的弹性模量、混凝土的抗拉强度、锈蚀段钢筋长度、锈层厚度，在本书计算中锈层厚度取锈蚀段钢筋的平均锈层厚度。

5.2.2 计算与试验对比验证

1）挠度变化对比

图5.14～图5.17为4组试验与数值计算的挠度对比曲线，由图可知，试验与数值计算的挠度变化趋势相同，随着锈蚀时间增加，试验与数值计算的挠度差值并未发生较大变化，虽然试验的挠度略大于数值计算结果，但各组试验与数值计算的挠度偏差均未超过9%。

2）裂缝宽度变化对比

图5.18～图5.21为4组试验与数值计算的裂缝宽度对比曲线，各组试验的裂缝宽度均大于数值计算结果，各组的裂缝宽度差值随锈蚀时间增加也略有增大，但最大的裂缝宽度差值并未超过10%，当锈蚀时间为80 d时，各组的裂缝宽度差值分别为0.06 mm、0.12 mm、0.21 mm、0.24 mm。

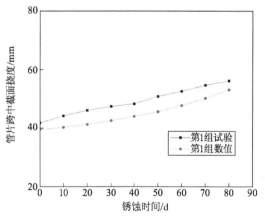

图5.14 第1组试验与数值计算的挠度对比

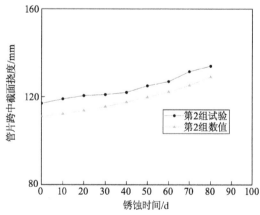

图5.15 第2组试验与数值计算的挠度对比

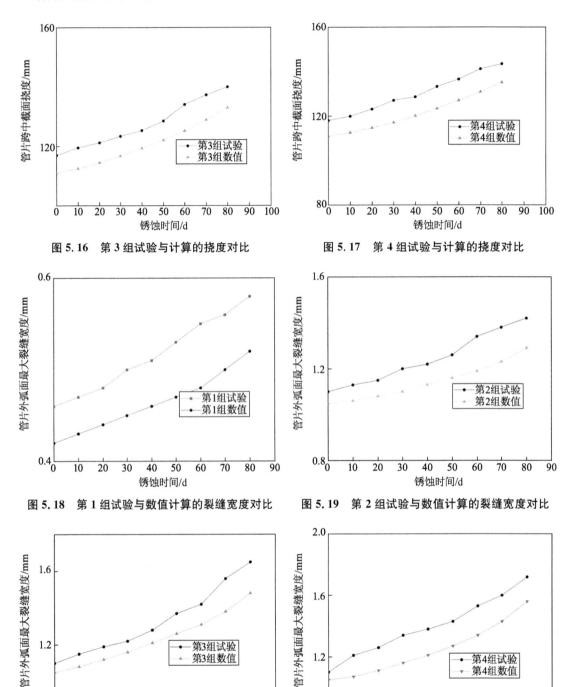

图 5.16　第 3 组试验与计算的挠度对比　　　图 5.17　第 4 组试验与计算的挠度对比

图 5.18　第 1 组试验与数值计算的裂缝宽度对比　　图 5.19　第 2 组试验与数值计算的裂缝宽度对比

图 5.20　第 3 组试验与数值计算的裂缝宽度对比　　图 5.21　第 4 组试验与数值计算的裂缝宽度对比

3）裂缝深度变化对比

图 5.22～图 5.25 为 4 组试验与数值计算的裂缝深度对比曲线,由图可知裂缝深度的变化趋势与裂缝宽度一致,当锈蚀时间为 80 d 时,各组的裂缝深度差值分别为 12 mm、19 mm、27.3 mm、26 mm,试验与数值计算的最大裂缝深度偏差未超过 14%,说明采用单块管片模拟分析抗弯刚度退化是合理可行的。

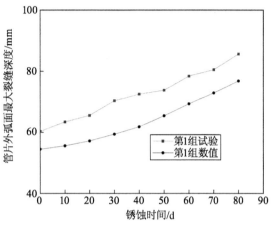

图 5.22　第 1 组试验与数值计算的裂缝深度对比

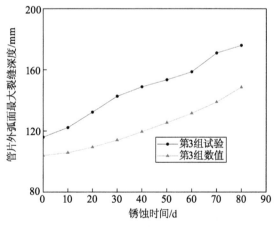

图 5.23　第 2 组试验与数值计算的裂缝深度对比

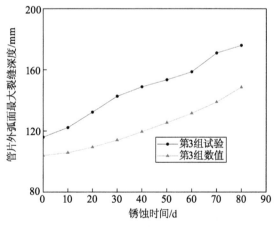

图 5.24　第 3 组试验与数值计算的裂缝深度对比

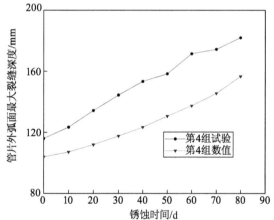

图 5.25　第 4 组试验与数值计算的裂缝深度对比

第 6 章
盾构隧道结构力学性能足尺试验

本章首先介绍错缝拼装下三整环盾构隧道足尺试验系统,包括试验装置、荷载加载方法、测试内容和方法等。其次,以某城市地铁盾构隧道为例,通过盾构隧道足尺试验装置研究了浅埋条件和中埋条件下盾构隧道的承载能力。对设计荷载作用下盾构隧道的变形和内力、密封垫的接触压力、纵缝的张开量、螺栓的受力、接缝的错台量等进行了试验分析。

6.1 盾构隧道结构足尺试验系统

6.1.1 试验装置

盾构隧道足尺试验装置主要由反力架、持荷梁及千斤顶组成,如图 6.1 所示。反力架由三个主体反力圆环与众多附属连接部件构成。每个主体反力圆环由一个水平腹板部圆环和两个竖向翼缘部圆环组成,其横截面呈对受压有利的"工字钢"型,并在千斤顶加载部位进行了加厚处理,可实现对国内外常见尺寸的盾构隧道结构进行全过程加载直至极限破坏。反力圆环设计最大径向变形不超过 10 mm,具备 2.3 倍以上的安全系数,能在试验过程中呈自平衡状态。同时,主体反力圆环还作为连接其他部件并承担其重量的基础结构,如图 6.2 所示。

图 6.1 反力架、持荷梁及千斤顶的示意图

图 6.2 盾构隧道足尺试验装置

6.1.2 荷载加载方法

1) 水平加载方法

盾构隧道所受的荷载如图6.3所示,p_1为竖向水土压力(kPa),q_1和q_2水平向水土压力(kPa),p_g为结构自重反力(kPa),R_c为衬砌圆环计算半径(m)。

为模拟盾构隧道的真实受荷变形,同时考虑到试验的可操作性,通过布置24处加载点来模拟实际盾构隧道结构所承受的土压力和地面超载等荷载。24处加载点对称分为3组,其中P1(6处加载点)用于模拟隧道顶部所受的竖向土压力和隧道底部所受的地基反力(P_1);P2(10处加载点)用于模拟隧道所受的侧向压力(P_2),取值为P1载荷与侧压力系数的乘积;P3(8处加载点)用于模拟过渡段压力,取值为P1与P2载荷的均值。外部荷载加载点分布如图6.4所示。

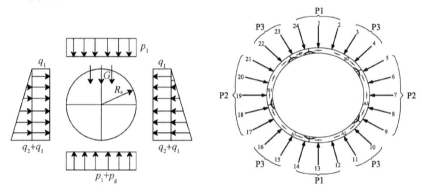

图6.3 荷载计算模型　　图6.4 试验外部荷载加载点

2) 竖向加载方法

为模拟服役阶段环间的纵向约束作用,试验设计6个均布的竖向加载点对试验管片施加竖向荷载。竖向荷载按照施工期盾构机千斤顶推力(1×10^7 kN),折减系数取0.15,每个加载点设计竖向力为2.5×10^5 kN,竖向加载装置包含竖向千斤顶、张拉螺纹杆与承载底座,如图6.5所示。

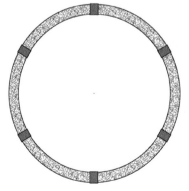
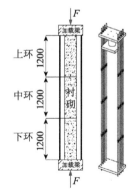

(a) 竖向加载点　　(b) 竖向加载装置剖面图(单位:mm)

图6.5 竖向加载方法

6.1.3 测试内容和方法

1) 隧道变形

可以通过测试隧道结构的相对变形来分析结构的整体刚度。考虑到上、下环沿中环面对称,因此重点分析中环变形,兼顾上、下环变形情况。拉绳式位移计固定在中柱上,管片内弧面布置相应的固定点。上环需要拉绳式位移传感器 8 个,中环需要拉绳式位移传感器 16 个,共计 24 个(D1~D24),如图 6.6 和图 6.7 所示。

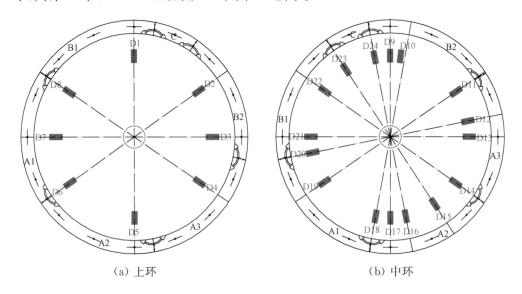

图 6.6 收敛变形测点布置图

图 6.7 测点安装示意图

2) 主筋应变

针对接头部位的测量采用 BX120 - 3AA 箔式应变计,标距 3 mm。在应变片粘贴部位用磨光机打磨,用酒精清洗干净后紧接着用 502 胶水把应变片粘贴在主筋表面,焊接好引出线后逐一加以编号。经检测满足绝缘要求后用 703 胶水加以密封,以保证其不受潮、受损。上环和中环分别有 12 个截面用于布设钢筋应变片,主筋的内外侧分别粘贴 4 个应变片。

针对非接头部位的分析采用振弦式钢筋应力计测量,钢筋应力计在管片浇筑前预先和管片主筋焊接在一起,浇筑成型后可直接测量内部钢筋的应力,钢筋应力计在同一截面的内外侧主筋各选取两个点进行布设,上环和中环各 4 个截面,总共 16 个钢筋应力计。

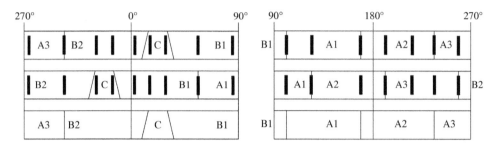

图 6.8 主筋应变测试截面

3) 混凝土应变

混凝土应变测量拟采用长标距(标距长拟取 150 mm)箔式应变计,型号拟为 BX120-50KA,标距 150 mm。在应变片粘贴部位用磨光机打磨,用酒精清洗干净后紧接着用 502 胶水把应变片粘贴在管片内、外弧面,焊接好引出线后逐一加以编号。经检测满足绝缘要求后用 703 胶水加以密封,以保证其不受潮、受损。

试验只取上环和中环进行研究,依据前期有限元计算分析,上环和中环分别有 16 个测试截面。内外弧面分别粘贴 4 个应变片。

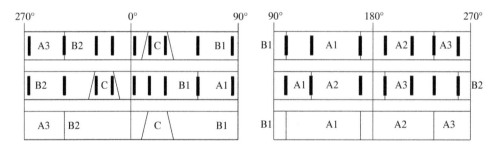

图 6.9 混凝土应变测试截面

4) 螺栓应变

弯螺栓应变测量拟采用箔式应变片,型号拟取为 BX120-3AA,标距 2 mm。为准确测量弯螺栓应变,根据现有试验资料,每根弯螺栓在中间截面位置布置 2 个应变片。在应变片粘贴部位,先用细砂皮打光,清洁干净后紧接着用 502 胶水把箔式应变片粘贴在弯螺栓上。切槽时每根螺栓共开 2 道截面为 3 mm×3 mm 的沟槽,分别位于内、外弧面,沟槽与螺栓轴线平行,螺纹区段为直线,该区域沟槽为直线,沟槽深度以螺纹牙底起算。经检测达到绝缘标准后用703胶水初步密封,应变片粘贴、密封后用导线在弯螺栓上铣出的凹槽中引出,并逐一编号。

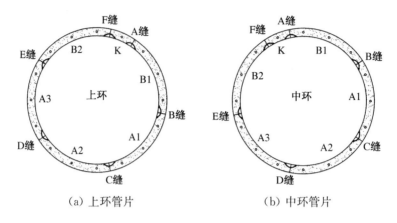

图 6.10 纵缝螺栓布置示意图

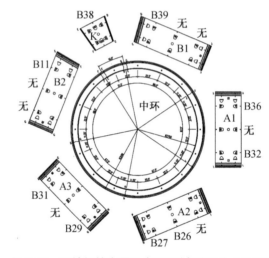

图 6.11 环缝螺栓布置示意图(测点编号为 B××)

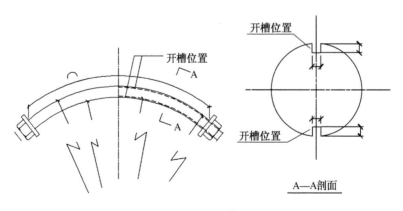

图 6.12 弯螺栓切槽示意图

由于上、下衬砌环根据中环面对称分布,因此纵缝接头弯螺栓只分析上环和中环。每环有纵缝弯螺栓12根,共计48个应变测点。环缝接头选取上环与中环之间的9个环缝螺栓分别布置2个测点,共计18个测点。试验测试得到的应变值选取螺栓内、外弧面应变的平均值进行分析。

5) 纵缝张角

纵缝的抗弯性能主要通过纵缝的抗弯刚度来体现,通过测量对应荷载下纵缝张角,即纵缝两侧相邻管片在环向的相对位移(即间隙变化)。通过纵缝张角与弯矩的关系可以估算此时纵缝处的抗弯刚度。

取电子位移传感器,量程100 mm,精度0.01 mm。在纵缝一侧管片表面上焊接钢棍,另一侧管片上用磁性支架固定位移计,位移计顶针用位移丝与钢棍连接。在管片每个接缝内外两侧各布置1个位移计(管片中线上)。由于上、下衬砌环根据中环面对称分布,因此只测量上环和中环的纵缝张角,共需测量24个纵缝张角。

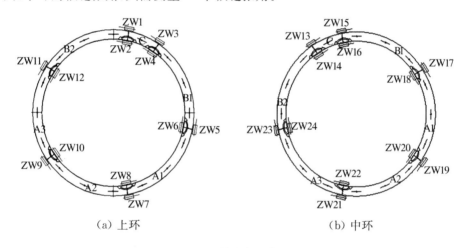

图 6.13 纵缝张角测点布置图

6) 管片错动

接缝的抗剪性能包括纵缝的抗剪性能和环缝的抗剪性能。其中环缝的抗剪性能分为环缝的径向抗剪性能和切向抗剪性能。抗剪性能主要通过接缝的抗剪刚度来体现,通过测量对应荷载下的接缝错台,即接缝两侧相邻管片在结构径向或切向上的相对位移。通过接缝处错台与剪力的关系可以估算此时接缝处的抗剪刚度。

取电子位移传感器,量程50 mm,精度0.01 mm。在一侧管片上用万向磁性支架固定,使位移计顶针垂直顶在另一侧管片上进行测量。由于上、下衬砌环根据中环面对称分布,并结合位移计布置空间需求,纵缝处测量中环的径向错动6个,环缝处的管片错动测量上环和中环间的径向错动和切向错动各4个。

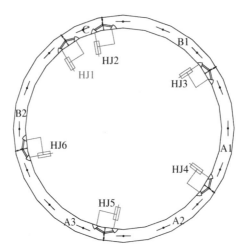

图 6.14 中环纵缝径向错动测点布置图

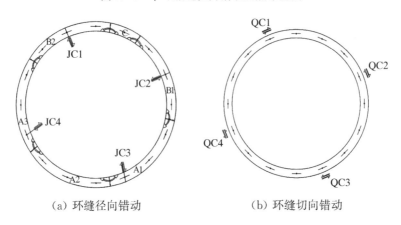

(a) 环缝径向错动　　　　　(b) 环缝切向错动

图 6.15 环缝错动测点布置图

7) 密封垫接触压力

为了分析管片密封垫接触压力的变化规律,通常在上环和中环的纵缝密封垫各布置 2 个薄膜压力传感器,试验数据取上下 2 个测点的中间值,密封垫接触压力测点共 24 个。试验采用 Flexiforce 薄膜传感器进行测量。

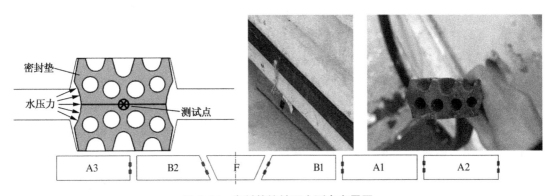

图 6.16 密封垫接触压力测点布置图

6.2 浅埋条件下盾构隧道结构力学性能足尺试验

6.2.1 盾构隧道情况

以某城市地铁盾构隧道为本次实验模拟对象,地铁盾构隧道管片外径6.2 m,全环由一块封顶块(C)、两块邻接块(B1、B2)、三块标准块(A1、A2、A3)组成。管片厚度为0.35 m,环宽度为1.2 m,混凝土等级为C50。管片的环与环,块与块间均以M30弯螺栓连接(机械性能等级为5.8级),在纵向设16个螺栓,每隔22.5°设一个,环向设有12个螺栓,纵缝设凹凸榫,环缝不设凹凸榫。衬砌圆环构造如图6.17所示。

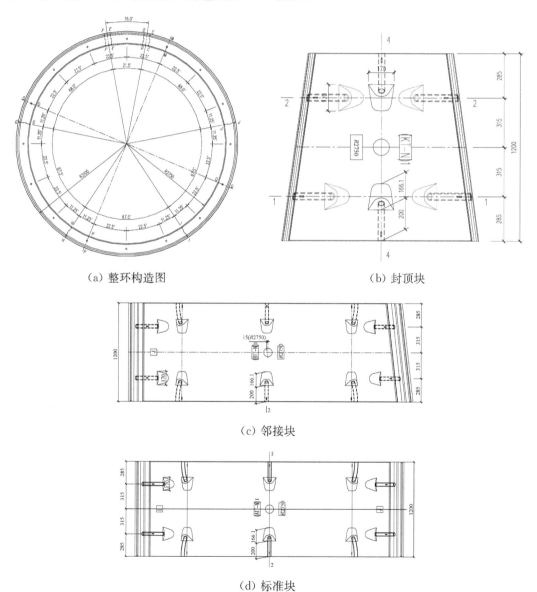

(a) 整环构造图　　　　　　(b) 封顶块

(c) 邻接块

(d) 标准块

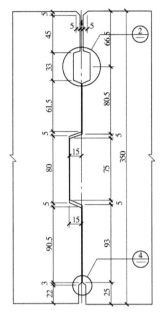

(e) 凹凸榫结构尺寸

图 6.17 管片构造(单位:mm)

6.2.2 荷载设计

浅埋条件下正常设计荷载的加载试验,加载原则如下:

① P_1 由 0 kN 分级加载至 F_2。过程中维持 $P_2=0.7P_1$、$P_3=(P_1+P_2)/2=0.85P_1$,P_1 每级荷载增量为 F_1 的 10%。

② P_1 由 F_2 加载至 F_1。该过程中仍然维持 $P_2=0.7P_1$、$P_3=(P_1+P_2)/2=0.85P_1$,P_1 每级荷载增量为 F_1 的 5%。

其中:F_1 为浅埋 12 m 时 P_1 的设计荷载 210 kN,F_2 为 F_1 的 80%,即 168 kN,详细的加载分级见表 6.1。

表 6.1 设计荷载情况下加载过程

荷载等级	P_1/kN	P_2/kN	P_3/kN
第 0 级	0	0	0
第 1 级	21	15	18
第 2 级	42	29	36
第 3 级	63	44	54
第 4 级	84	59	71
第 5 级	105	74	89

续表

荷载等级	P_1/kN	P_2/kN	P_3/kN
第6级	126	88	107
第7级	147	103	125
第8级	168	118	143
第9级	179	125	152
第10级	189	132	161
第11级	200	140	170
第12级	210	147	179

6.2.3 试验结果

1) 盾构隧道结构变形分析

(1) 外部荷载与收敛变形的关系

以浅埋的中环作为研究对象,试验时 P_1 对应的设计荷载为 210 kN,盾构隧道结构的收敛变形随荷载变化如图 6.18 所示。

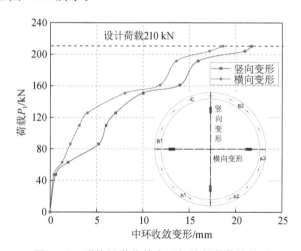

图 6.18 盾构隧道收敛变形与外部荷载的关系

由图 6.18 可知,在加载过程中,盾构隧道结构的收敛变形随外部荷载增大呈非线性增长,且竖向收敛变形始终大于横向收敛变形。当外部荷载达到设计荷载 210 kN 时,竖向收敛变形为 21.7 mm,横向收敛变形为 18.6 mm,竖向收敛变形与横向收敛变形之间的差值为 3.1 mm。

(2) 实测与理论计算对比分析

以中环作为研究对象,采用不同方法计算了在设计荷载阶段隧道的收敛变形。采用修正惯用模型(均质圆环模型)计算得出盾构隧道竖向收敛变形为 8.22 mm,横向收敛变形为

8.73 mm,其中刚度折减系数取 0.7。采用梁-弹簧模型计算得出盾构隧道竖向收敛变形为 11.72 mm,盾构隧道横向收敛变形为 12.34 mm,其中梁-弹簧模型中地基抗力系数取 5000 kN/m³,接头转头弹簧刚度取 $3.4×10^4$(kN·m)/rad。而本次中环试验测得的隧道竖向变形为 21.7 mm,相比理论计算增加了 2～3 倍,中环试验测得的隧道横向变形为 25.0 mm,相比理论计算增加了 2～2.7 倍,不同方法得到的收敛变形均未超过试验测出值的 1/2,如图 6.19 所示。由此可知,实测的收敛变形要大于理论计算结果,这主要是因为两种计算方法均无法真实地反映隧道结构的真实状况。

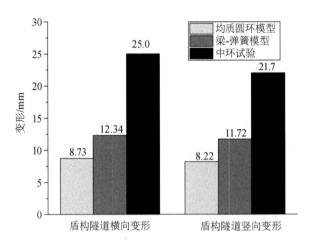

图 6.19 设计荷载阶段实测与理论计算对比图

(3)环变形关系

以上环和中环作为对比分析对象,图 6.20 为上环及中环在设计荷载阶段的收敛变形曲线,图 6.21 为上环与中环在设计荷载阶段的变形对比图。

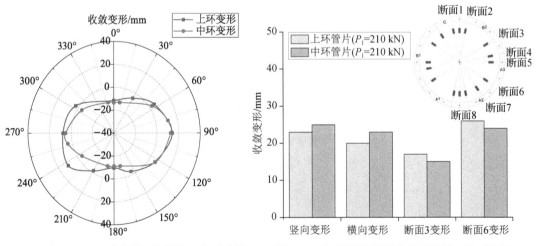

图 6.20 相邻环在设计荷载阶段的整环变形曲线　　图 6.21 相邻环在设计荷载阶段的变形对比图

由图 6.20 可知,上环和中环的收敛变形整体呈"横鸭蛋"形状,但局部存在差异,这是由于两环之间存在 22.5°的错缝拼装角度,相同角度位置的刚度存在差异,因此两环的收敛变形并不完全相同。从图 6.21 可知,试验数据表明,在设计荷载阶段,中环竖向及横向的收敛变形均大于上环,而断面 3 和断面 6 的中环收敛变形均小于上环的。

2) 盾构隧道结构内力分析

(1) 内力分布规律

以中环作为研究对象,试验分别对 16 个不同截面的内力进行了测试,测点布置如图 6.22 所示,其中 A1,A2,A3 代表整环的三个标准块,B1 和 B2 代表整环的两个邻接块,C 代表整环的封顶块。

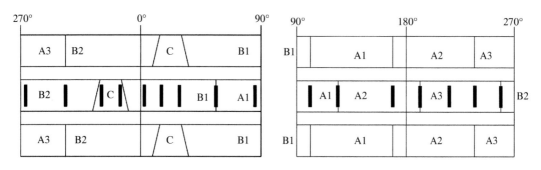

图 6.22 盾构隧道结构内力测试截面

假定设计荷载工况下构件截面处于弹性阶段,故而由钢筋及混凝土应变计算截面的轴力 N 和弯矩 M 如公式(6.1)和公式(6.2)所示:

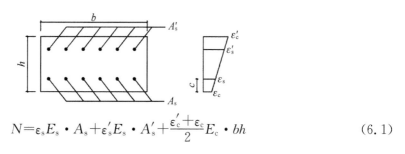

$$N = \varepsilon_s E_s \cdot A_s + \varepsilon'_s E_s \cdot A'_s + \frac{\varepsilon'_c + \varepsilon_c}{2} E_c \cdot bh \tag{6.1}$$

$$M = (\varepsilon'_s E_s \cdot A'_s - \varepsilon_s E_s \cdot A_s) \times (h/2 - c) + \frac{1}{12}(\varepsilon'_c - \varepsilon_c) E_c \cdot h^2 b \tag{6.2}$$

式中:ε_s、ε'_s——内外侧钢筋应变;

ε_c、ε'_c——内外侧混凝土应变;

E_s、E_c——钢筋及混凝土的弹性模量;

A_s、A'_s——内外侧钢筋横截面的面积;

h——管片厚度,取 350 mm;

b——管片宽度,取 1 200 mm;

c——管片表面到钢筋中心的距离,内外侧均取 50 mm。

图 6.23 为中环管片的接缝位置示意图。图 6.24 为中环管片在设计荷载阶段的内力分布曲线,弯矩以管片外侧受拉为正,内侧受拉为负;轴力以管片受压为正,受拉为负。

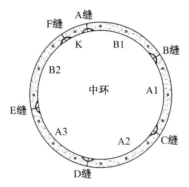

图 6.23 中环管片的接缝位置示意图

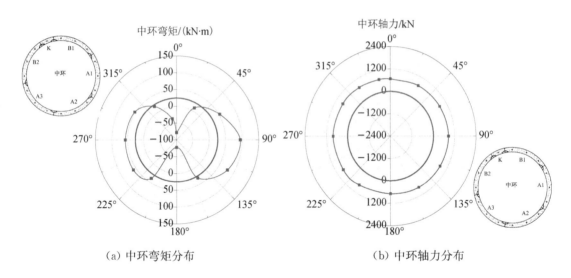

(a) 中环弯矩分布　　　　　　　(b) 中环轴力分布

图 6.24 盾构隧道结构在设计荷载阶段的内力分布曲线图

由图 6.24 可知,在设计荷载阶段,隧道结构右侧的弯矩及轴力比左侧的大,在 90°处的弯矩为 95 kN·m,轴力为 856 kN,而在 270°处的弯矩为 57 kN·m,轴力为 824 kN,两者的弯矩差值为 38 kN·m,轴力差值为 32 kN。此时,盾构隧道结构在 0°~35°、160°~210°、330°~360°区域的内侧受拉,外侧受压。

(2) 实测与理论计算对比分析

以中环作为研究对象,将修正惯用法计算得到的内力与实测得到的内力进行比较,如图 6.25 所示。

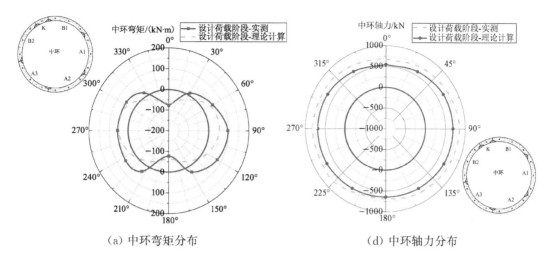

(a) 中环弯矩分布 (d) 中环轴力分布

图 6.25 实测结构内力与理论计算对比分析

从图 6.25 可知,实测得到的轴力大于理论计算值,正弯矩及负弯矩的区域及大小均发生了少许改变,这也说明了管片的接头效应影响。值得注意的是,由于接头刚度与变形为非线性关系,不同角度的内力差值不相同,在 0°,90°,180°,270° 这 4 个角度上,试验测得的弯矩比理论计算得到的弯矩大 12%,88%,47%,8%,试验测得的轴力比理论计算得到的轴力大 39%,49%,7%,42%。由此看来,在管片设计中,不考虑管片接头的效应并不意味设计结果最为保守,应该合理考虑接头对管片整体力学性能的影响。

(3) 相邻环管片内力关系

图 6.26 为上环管片及中环管片的接缝位置示意图。图 6.27 为上环及中环管片在不同荷载阶段的内力变化曲线,弯矩以管片外侧受拉为正,内侧受拉为负;轴力以管片受压为正,受拉为负。

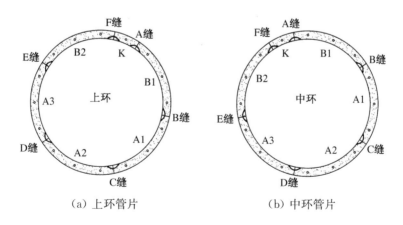

(a) 上环管片 (b) 中环管片

图 6.26 上环及中环管片的接缝位置示意图

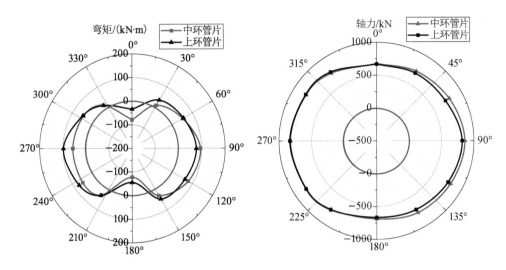

图 6.27 上环与中环在设计荷载阶段的内力分布曲线图

从图 6.27 可以看出,在设计荷载阶段,隧道结构环向内力分布较为均匀,其中,上环管片在 0°~25°、155°~215°、330°~360°区域的内侧受拉、外侧受压,中环管片在 0°~35°、160°~210°、330°~360°区域的内侧受拉、外侧受压,这说明错缝拼装形式下两环的拉压应力区分布并不相同。随着荷载的增大,结构内力空间分布呈现出不均匀的特征,部分关键点位置处轴力、弯矩值相对较大,如上环弯矩和轴力的最大值位于 270°处,分别为 400 kN·m 和 1940 kN,中环的弯矩和轴力的最大值位于 90°处,分别为 412 kN·m 和 1980 kN。以上说明错缝拼装管片受接头位置及纵向约束等影响,使结构在加载过程中出现了局部应力集中现象,受力空间分布并不均匀。图 6.28 为上环与中环在设计荷载阶段的内力对比图。

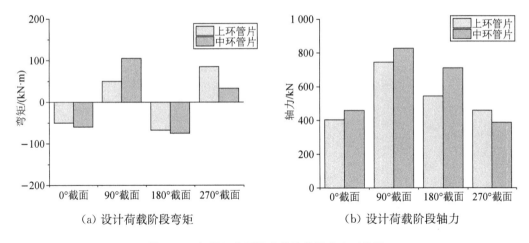

(a) 设计荷载阶段弯矩　　(b) 设计荷载阶段轴力

图 6.28 相邻环在不同荷载阶段的内力对比图

由图 6.28 可知,在设计荷载阶段,上环与中环在 0°、90°、180°、270°这 4 个位置处的弯矩差值分别为 15 kN·m、65 kN·m、12 kN·m、53 kN·m,轴力差值分别为 55 kN、90 kN、187 kN、85 kN。

3) 密封垫接触压力分析

(1) 外部荷载与密封垫接触压力的关系

浅埋盾构隧道底部的最大埋深约为 20 m,其静水压力为 0.2 MPa,由于弹性密封垫在设计年限内会受到老化的影响,因此防水压力设计值一般会在最大实际防水压力值的基础上乘以一个安全系数。根据《盾构法隧道防水技术规程》(DG/TJ 08-50—2012)规定:设计水压应为实际承受最大水压的 2~3 倍,本书中安全系数取 3,故设计水压取 0.6 MPa。

橡胶密封垫受到一定的压力时,会在管片与密封垫间、两密封垫间的接触面产生接触压力,如图 6.29 所示,当接触压力与设计水压满足式(6.3),可以认为密封垫密封完好。

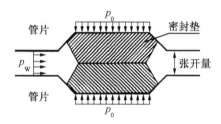

图 6.29 密封垫接触压力与设计水压的关系示意图

$$p_w < p_0 \tag{6.3}$$

式(6.3)中,p_w 为设计水压,p_0 为密封垫接触压力。

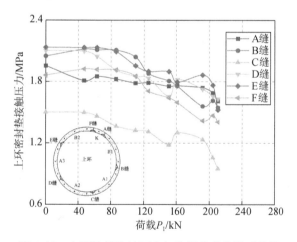

图 6.30 上环接缝接触压力与外部荷载的关系曲线

图 6.30 为上环管片密封垫接触压力与外部荷载的关系曲线,由图可知,上环各密封垫接触压力随荷载增加呈非线性降低,当 P_1 达到 210 kN 时,各个密封垫接触压力的大小排序为:D 缝>A 缝>B 缝>E 缝>F 缝>C 缝。各缝的具体情形见表 6.2,由此可知,C 缝的密封垫接触压力最小。

表 6.2 上环密封垫接触压力变化统计表

纵缝位置	浅埋条件下上环密封垫接触压力/MPa
A 缝	1.61
B 缝	1.54
C 缝	0.95
D 缝	1.63
E 缝	1.53
F 缝	1.41

图 6.31 为中环管片密封垫接触压力与外部荷载的关系曲线,由图可知,中环各密封垫接触压力随荷载增加呈非线性降低,当 P_1 达到 210 kN 时,各个密封垫接触压力的大小排序为:A 缝>D 缝>C 缝>F 缝>B 缝>E 缝。各缝的具体情形见表 6.3,由此可知,E 缝的密封垫接触压力最小。

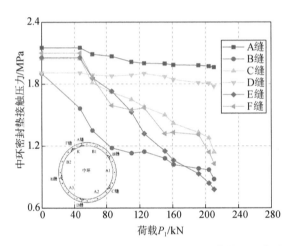

图 6.31 中环密封垫接触压力与外部荷载的关系曲线

表 6.3 中环密封垫接触压力变化统计表

纵缝位置	浅埋条件下中环密封垫接触压力/MPa
A 缝	1.96
B 缝	0.88
C 缝	1.14
D 缝	1.77
E 缝	0.78
F 缝	1.03

(2)结构变形与密封垫接触压力的关系

图 6.32 为上环管片密封垫接触压力与拱腰收敛变形的关系曲线,由图可知,密封垫接

触压力随变形增大呈非线性降低。当收敛变形达到 18.6 mm 时，C 缝的密封垫接触压力最小。

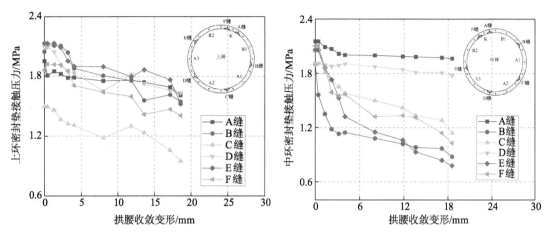

图 6.32 上环密封垫接触压力与结构变形的关系曲线

图 6.33 中环密封垫接触压力与结构变形的关系曲线

图 6.33 为中环管片密封垫接触压力与拱腰收敛变形的关系曲线，由图可知，密封垫接触压力随变形增大呈非线性降低。当收敛变形达到 18.6 mm 时，E 缝的密封垫接触压力为最小。

4）纵缝张开量分析

（1）外部荷载与纵缝张开量的关系

将上环及中环作为研究对象，试验分别对 24 个接缝的张开量进行了测试，纵缝的张开量取弹性密封垫处的张开量，如图 6.34 所示，纵缝张开量与外部荷载的变化曲线如图 6.35 所示。

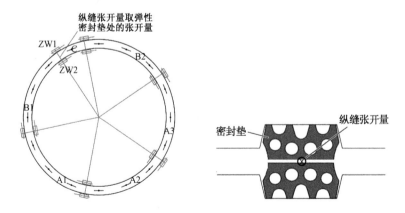

图 6.34 盾构隧道纵缝编号及张开量取值依据

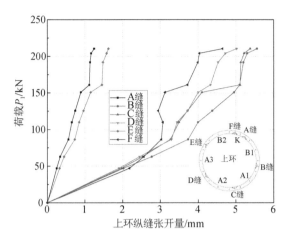

图 6.35 上环管片纵缝张开量与外部荷载关系曲线

由图 6.35 可知,上环各接缝张开量随荷载增大呈非线性增加,当 P_1 达到设计荷载 210 kN 时,B 缝的纵缝张开量最大,为 5.8 mm。各个接缝张开量的大小排序为:B 缝>C 缝>D 缝>F 缝>E 缝>A 缝,具体数值如表 6.4 所示。

表 6.4 上环管片纵缝张开量与外部荷载关系统计表

接缝位置	设计荷载时张开量/mm
A 缝	1.2
B 缝	5.6
C 缝	5.4
D 缝	5.0
E 缝	1.6
F 缝	4.7

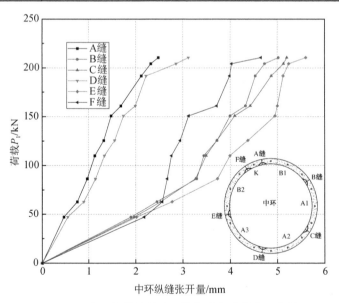

图 6.36 中环管片纵缝张开量与外部荷载关系曲线

由图 6.36 可知,中环各接缝张开量随荷载增大呈非线性增加,当 P_1 达到设计荷载 210 kN 时,E 缝的纵缝张开量最大,为 5.6 mm。各个接缝张开量的大小排序为:E 缝>C 缝>B 缝>F 缝>D 缝>A 缝,具体数值如表 6.5 所示。

表 6.5　中环管片纵缝张开量与外部荷载关系统计表

接缝位置	设计荷载时张开量/mm
A 缝	2.5
B 缝	5.1
C 缝	5.4
D 缝	3.2
E 缝	5.6
F 缝	4.7

(2) 结构变形与纵缝张开量的关系

图 6.37 为上环管片纵缝张开量与拱腰收敛变形的关系曲线,由图可知,纵缝张开量随变形增大呈非线性增大。当收敛变形达到 18.6 mm 时,C 缝的纵缝张开量最大。

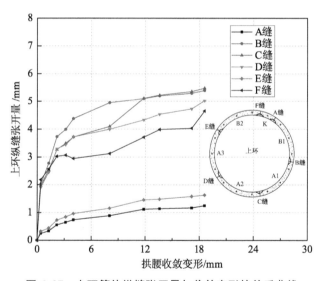

图 6.37　上环管片纵缝张开量与收敛变形的关系曲线

图 6.38 为中环管片纵缝张开量与拱腰收敛变形的关系曲线,由图可知,纵缝张开量随变形增大呈非线性增大。当收敛变形达到 18.6 mm 时,E 缝的纵缝张开量最大。

5) 纵缝径向错台分析

(1) 外部荷载与纵缝径向错台之间的关系

以中环作为研究对象,试验分别对 6 个纵缝的径向错台进行了测试,纵缝测点布置如图 6.39 所示,纵缝径向错台量与外部荷载的关系如图 6.40 所示。以顺时针为准,左块相对右块向外扩张为正,向内收缩为负。

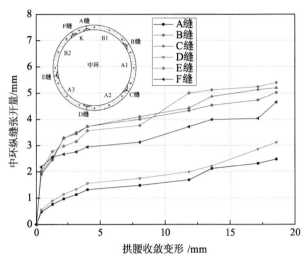

图 6.38 中环管片纵缝张开量与收敛变形的关系曲线

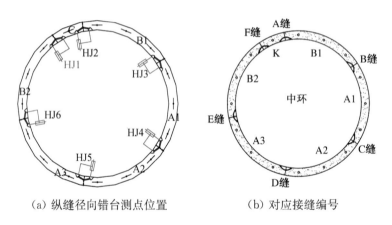

（a）纵缝径向错台测点位置　　　　（b）对应接缝编号

图 6.39 中环纵缝位移测点布置图

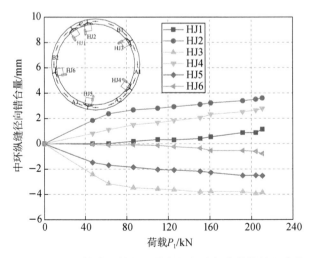

图 6.40 中环管片纵缝径向错台量与外部荷载的关系曲线

由图 6.40 可知,中环各纵缝径向错台量随荷载增大呈非线性增加,且 HJ1、HJ2、HJ4 的错动方向与 HJ3、HJ5、HJ6 的错动方向相反,当 P_1 达到设计荷载 210 kN 时,HJ3 的纵缝径向错台量最大,为 −4.0 mm。此时各纵缝径向错台量绝对值的大小顺序为:HJ3>HJ2>HJ4>HJ5>HJ1>HJ6,具体如表 6.6 所示。

表 6.6 中环管片纵缝径向错台量与外部荷载关系统计表

测点编号	接缝位置	设计荷载下径向错台量/mm
HJ1	F 缝	1.6
HJ2	A 缝	3.8
HJ3	B 缝	−4.0
HJ4	C 缝	3.1
HJ5	D 缝	−2.6
HJ6	E 缝	−1.4

(2) 结构变形与纵缝径向错台之间的关系

以中环作为研究对象,纵缝径向错台量与结构收敛变形的关系如图 6.41 所示。

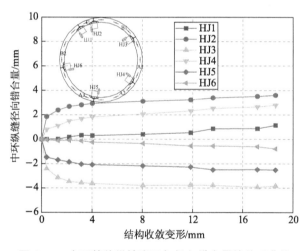

图 6.41 中环管片纵缝张开与径向错台量的关系曲线

从图 6.41 可知,各纵缝径向错台量与收敛变形保持非线性增长的关系,当收敛变形达到 18.6 mm 时,HJ3 的纵缝径向错动量最大,为 −4.0 mm。

6) 纵缝螺栓受力分析

(1) 外部荷载与纵缝螺栓应力之间的关系

盾构管片螺栓采用 M30 弯螺栓连接(机械性能等级为 5.8 级),抗拉强度为 500 MPa,屈服强度为 400 MPa。以上环和中环作为研究对象,试验分别对 12 个纵缝的螺栓应力进行了测试,纵缝螺栓测点如图 6.42 所示(CF1~CF12),纵缝螺栓应力与外部荷载的变化曲线如图 6.43 所示。

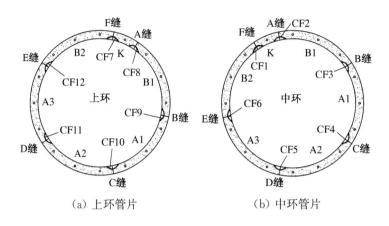

(a) 上环管片　　　　　　　(b) 中环管片

图 6.42　上环及中环隧道纵缝螺栓测点编号(CF1～CF12)

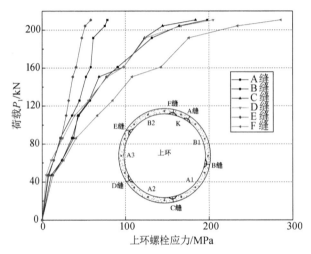

图 6.43　上环管片纵缝螺栓应力与外部荷载的关系曲线

由图 6.43 可知,上环纵缝螺栓应力随外部荷载增大呈非线性增大,当 P_1 增加到设计荷载 210 kN 时,F 缝的螺栓应力最大,为 286 MPa。此时各个纵缝螺栓应力的大小排序为:F 缝>D 缝>B 缝>C 缝>A 缝>E 缝。

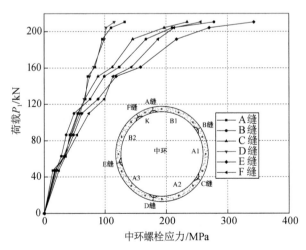

图 6.44　中环管片纵缝螺栓应力与外部荷载的关系曲线

由图 6.44 可知,中环纵缝螺栓应力随外部荷载增大呈非线性增大,当 P_1 增加到设计荷载 210 kN 时,E 缝的螺栓应力最大,为 343 MPa。此时各个纵缝螺栓应力的大小排序为:E 缝>B 缝>F 缝>C 缝>A 缝>D 缝。

(2)结构变形与纵缝螺栓应力之间的关系

以上环及中环作为研究对象,上环及中环的纵缝螺栓应力与结构收敛变形的关系曲线如图 6.45 和图 6.46 所示。

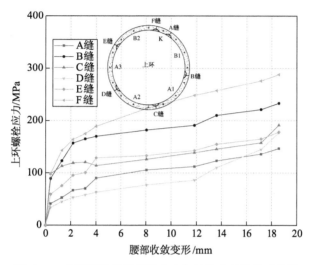

图 6.45　上环管片纵缝螺栓应力与结构变形的关系曲线

由图 6.45 可知,上环纵缝螺栓应力随收敛变形增大呈非线性增大,当收敛变形达到 18.6 mm 时,F 缝的纵缝螺栓应力最大。

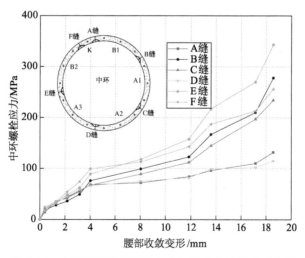

图 6.46　中环管片纵缝螺栓应力与结构变形的关系曲线

由图 6.46 可知,中环纵缝螺栓应力随收敛变形增大呈非线性增大,当收敛变形达到 18.6 mm 时,E 缝的纵缝螺栓应力最大。

7)环缝螺栓受力分析

(1)外部荷载和环缝螺栓应力之间的关系

以上环和中环之间的环缝螺栓作为研究对象,试验分别对9个环缝螺栓的应力进行了测试,环缝测点布置如图6.47所示,分别为B11,B26,B27,B29,B31,B32,B36,B38,B39。环缝螺栓受力与外部荷载的关系曲线如图6.48所示。

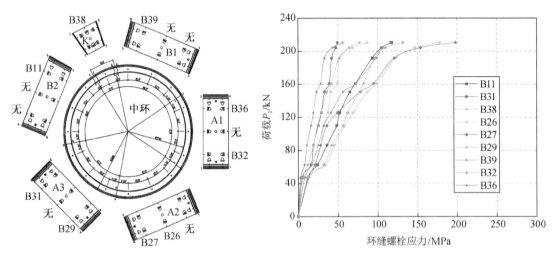

图6.47 环缝螺栓测点布置图　　图6.48 环缝螺栓应力与外部荷载的关系曲线

由图6.48可知,环缝螺栓应力随外部荷载增大呈非线性增大,当P_1增加到设计荷载210 kN时,B27的螺栓应力最大,为198 MPa。此时环缝螺栓应力的大小排序为:B27>B26>B32>B11>B39>B38>B29>B11>B31。

(2)结构变形和环缝螺栓应力之间的关系

以上环和中环之间的环缝螺栓作为研究对象,环缝螺栓应力与中环腰部收敛变形的关系曲线如图6.49所示。

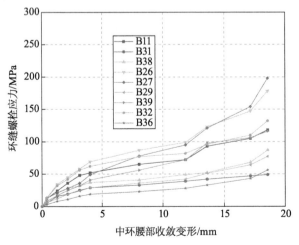

图6.49 环缝螺栓应力与中环腰部收敛变形关系曲线

由图 6.49 可知,环缝螺栓应力随收敛变形增大呈非线性增大,当收敛变形达到 18.6 mm 时,B27(拱底部位)的环缝螺栓应力最大。

8) 环缝径向错台分析

(1) 外部荷载与环缝径向错台之间的关系

以上环与中环的环缝径向错台作为分析对象,试验分别对 4 个位置的环缝径向错台量进行了测试,测点编号及邻近接缝的位置如图 6.50 所示,环缝径向错台量与外部荷载的变化曲线如图 6.51 所示,数值为正表示中环相对上环向外侧扩张,数值为负表示中环相对上环向内侧收缩。

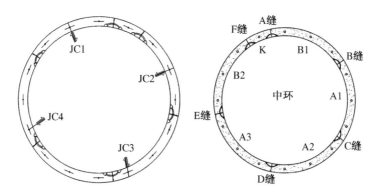

图 6.50 环缝径向错台量测点与邻近接缝的位置示意图

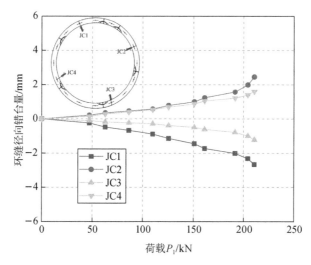

图 6.51 环缝径向错台量与外部荷载的关系曲线

从图 6.51 可知,各个测点的环缝错台量随外部荷载增大近似呈线性增大,其中 JC2 和 JC4 为正,JC1 和 JC3 为负,说明中环的 K 块及 A2 块相对上环向内侧错动,A1 块和 A3 块相对上环向外侧错动。当 P_1 达到设计荷载 210 kN 时,JC1 的环缝径向错动量最大,为 2.7 mm。此时,各环缝径向错台量绝对值的大小顺序为:JC1>JC2>JC4>JC3,具体如表 6.7 所示。

表 6.7 环缝径向错台量统计表

环缝径向错台测点编号	测点位置	设计荷载下径向错台量/mm
JC1	K 块	−2.7
JC2	A1 块	2.5
JC3	A2 块	−1.2
JC4	A3 块	1.6

(2) 结构变形与环缝径向错台的关系

以上环和中环之间的环缝螺栓作为研究对象,环缝径向错台量与中环腰部收敛变形的关系曲线如图 6.52 所示。由图可知,环缝径向错台量随收敛变形增大近似呈线性增大,当收敛变形达到 18.6 mm 时,JC1 的环缝径向错动量最大。

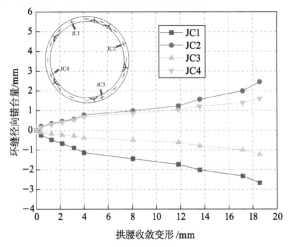

图 6.52 环缝径向错台量与中环腰部收敛变形的关系曲线

9) 环缝切向错台分析

(1) 外部荷载与环缝切向错台之间的关系

以上环与中环的环缝切向错台作为分析对象,试验分别对 4 个位置的环缝切向错台量进行了测试,测点编号及邻近接缝的位置如图 6.53 所示,环缝切向错动量与外部荷载的变化曲线如图 6.54 所示,数值为正表示中环相对上环顺时针转动,否则相反。

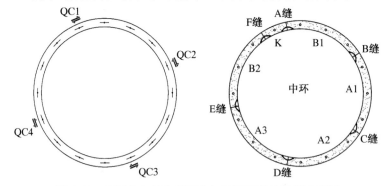

图 6.53 环缝切向错台量测点与邻近接缝的位置示意图

第 6 章　盾构隧道结构力学性能足尺试验

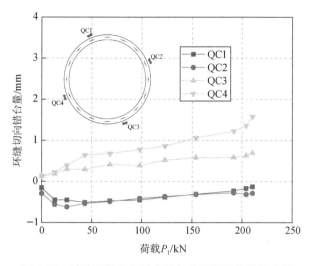

图 6.54　管片环缝切向错台量与外部荷载的关系曲线

由图 6.54 可知，前期 QC1、QC2 和 QC3、QC4 的转动方向相反，当荷载 P_1 超过 70 kN 时，测点均沿顺时针方向转动。当荷载达到设计荷载 210 kN 时，QC4 的环缝切向错动量最大(1.6 mm)，此时，各环缝切向错台量绝对值的大小排序为：QC4＞QC3＞QC2＞QC1，具体如表 6.8 所示。

表 6.8　环缝切向错台量统计表

环缝切向错台测点编号	测点位置	设计荷载下切向错台量/mm
QC1	K 块	−0.1
QC2	A1 块	−0.3
QC3	A2 块	0.8
QC4	A3 块	1.6

(2) 结构变形与环缝切向错台的关系

以上环和中环之间的环缝切向错台作为研究对象，环缝切向错台量与中环腰部收敛变形的关系曲线如图 6.55 所示。由图可知，环缝切向错台量随收敛变形增大呈非线性变化，当收敛变形达到 18.6 mm 时，QC4 的环缝切向错动量最大。

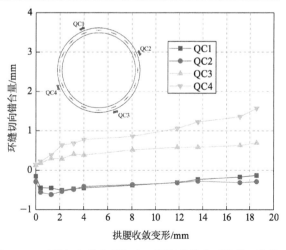

图 6.55　环缝切向错台量与中环腰部收敛变形的关系曲线

6.3 中埋条件下盾构隧道结构力学性能足尺试验

6.3.1 荷载设计

中埋条件下正常设计荷载的加载试验,加载原则如下:

① P_1 由 0 kN 分级加载至 F_2。过程中维持 $P_2=0.7P_1$、$P_3=(P_1+P_2)/2$,P_1 每级荷载增量为 F_1 的 10%。

② P_1 由 F_2 加载至 F_1。过程中维持 $P_2=0.7P_1$、$P_3=(P_1+P_2)/2$,P_1 每级荷载增量为 F_1 的 5%。

其中:F_1 为中埋 16 m 时 P_1 的设计荷载 280 kN,F_2 为 F_1 的 80%,即 224 kN,详细的加载分级见表 6.9。

表 6.9 分级加载制度表

荷载等级	P_1/kN	P_2/kN	P_3/kN
第 1 级	28	20	24
第 2 级	56	39	47.5
第 3 级	84	59	71.5
第 4 级	112	78	95
第 5 级	140	98	119
第 6 级	168	118	143
第 7 级	196	137	166.5
第 8 级	224	157	190.5
第 9 级	238	167	202.5
第 10 级	252	176	214
第 11 级	266	186	226
第 12 级	280	196	238

6.3.2 试验结果

1) 盾构隧道结构变形分析

(1) 外部荷载与收敛变形的关系

以中环作为研究对象,中环收敛变形随荷载变化的关系如图 6.56 所示。

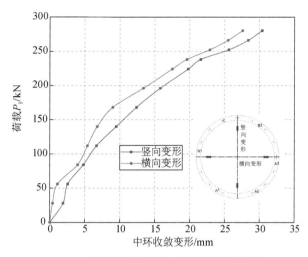

图 6.56 盾构隧道收敛变形与外部荷载的关系

由图 6.56 可知,盾构隧道结构收敛变形随外部荷载增大近似呈线性增长,当试验荷载 P_1 达到设计荷载 280 kN 时,竖向收敛变形为 30.4 mm,横向收敛变形为 27.6 mm,竖向的收敛变形大于横向的收敛变形。

(2) 实测与理论计算对比分析

以中环作为研究对象,采用不同方法计算了在设计荷载阶段隧道的收敛变形。采用修正惯用模型(均质圆环模型)计算得出盾构隧道横向收敛变形为 12.22 mm,竖向收敛变形为 11.53 mm,其中刚度折减系数取 0.7。采用梁-弹簧模型计算得出盾构隧道横向收敛变形为 17.22 mm,盾构隧道竖向收敛变形为 14.97 mm,其中梁-弹簧模型中地基抗力系数取 5000 kN/m^3,接头转头弹簧刚度取 $3.4×10^4$ (kN·m)/rad。而本次中环试验测得的隧道横向变形为 30.4 mm,为理论计算值的 1.8~2.5 倍,中环试验测得的隧道竖向变形为 27.6 mm,为理论计算值的 1.8~2.4 倍,不同方法得到的收敛变形均未超过试验测出值的 2/3,如图 6.57 所示。由此

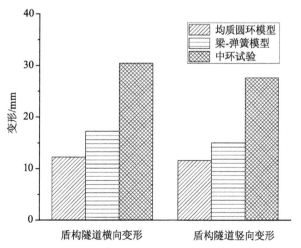

图 6.57 设计荷载阶段实测与理论计算对比图

可知,实测的收敛变形要大于理论计算结果,这主要是因为两种计算方法均无法真实地反映隧道结构的真实状况。

(3) 不同埋深条件下变形对比分析

以浅埋和中埋的中环作为对比分析对象,图 6.58 为浅埋及中埋在设计荷载阶段下的整环变形曲线,图 6.59 为浅埋与中埋在不同截面的变形对比图。

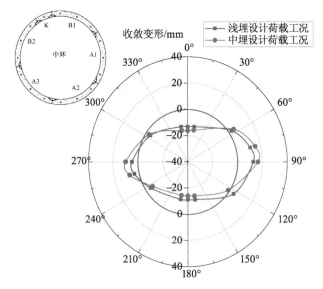

图 6.58 不同埋深条件下中环在不同荷载阶段的整环变形曲线

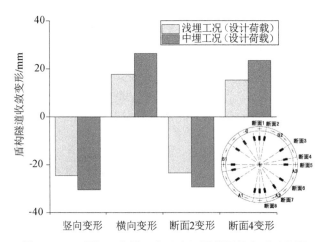

图 6.59 不同埋深条件下中环在不同截面的变形对比图

从图 6.58 和图 6.59 可知,两种工况下盾构隧道的收敛变形曲线大致相等,但中埋管片在竖向方向的收敛变形比浅埋管片大 24%,在横向方向的收敛变形比浅埋管片大 49%,在断面 2 方向的收敛变形比浅埋管片大 25%,在断面 4 方向的收敛变形比浅埋管片大 54%。

2) 盾构隧道结构内力分析

(1) 内力分布规律

以中环作为研究对象,试验分别对 16 个不同截面的内力进行了测试,测点布置如图 6.60 所示,其中 A1,A2,A3 代表整环的三个标准块,B1 和 B2 代表整环的两个邻接块,C 代表整环的封顶块。

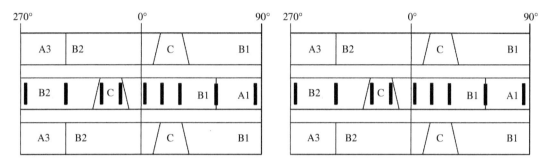

图 6.60 盾构隧道结构内力测试截面

假定运营工况下构件截面处于弹性阶段,故而由钢筋及混凝土应变计算截面的轴力 N 和弯矩 M 如下列公式所示:

$$N = \varepsilon_s E_s \cdot A_s + \varepsilon_s' E_s \cdot A_s' + \frac{\varepsilon_c' + \varepsilon_c}{2} E_c \cdot bh \tag{6.4}$$

$$M = (\varepsilon_s' E_s \cdot A_s' - \varepsilon_s E_s \cdot A_s) \times (h/2 - c) + \frac{1}{12}(\varepsilon_c' - \varepsilon_c) E_c \cdot h^2 b \tag{6.5}$$

式中:ε_s、ε_s'——内外侧钢筋应变;

ε_c、ε_c'——内外侧混凝土应变;

E_s、E_c——钢筋及混凝土的弹性模量;

A_s、A_s'——内外侧钢筋横截面的面积;

h——管片厚度,取 350 mm;

b——管片宽度,取 1 200 mm;

c——管片表面到钢筋中心的距离,内外侧均取 50 mm。

图 6.61 为中环管片的接缝位置示意图。图 6.62 为中环管片在不同荷载阶段下的内力变化曲线,弯矩以管片外侧受拉为正,内侧受拉为负;轴力以管片受压为正,受拉为负。后续同。

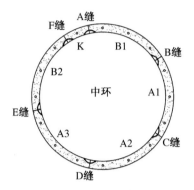

图 6.61 中环管片的接缝位置示意图

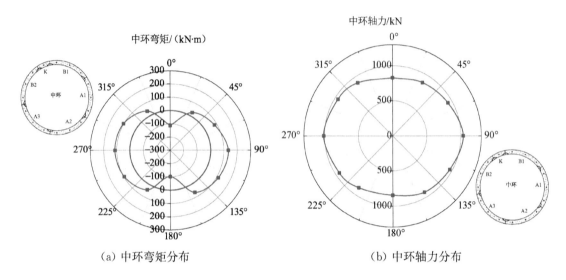

(a) 中环弯矩分布 (b) 中环轴力分布

图 6.62 盾构隧道结构在不同阶段的内力变化曲线图

由图 6.62 可知,在设计荷载阶段,隧道结构右侧的弯矩及轴力比左侧的大,在 90°处的弯矩为 134 kN·m,轴力为 1035 kN,而在 270°处的弯矩为 114 kN·m,轴力为 1011 kN,两者的弯矩差值为 20 kN·m,轴力差值为 24 kN。此时,盾构隧道结构在 0°~35°、160°~205°、340°~360°区域的内侧受拉,外侧受压。

(2) 实测与理论计算对比分析

以中环作为研究对象,将修正惯用法计算得到的内力与实测得到的内力进行比较,如图 6.63 所示。

由图 6.63 可知,实测得到的轴力大于理论计算值,正弯矩及负弯矩的区域及大小均发生了少许改变,这也说明了管片的接头效应影响。值得注意的是,由于接头刚度与变形为非线性关系,不同角度的内力差值不相同,在 0°,90°,180°,270°这 4 个角度上,试验测得的弯矩比理论计算得到的弯矩分别大 9%,59%,21%,38%,试验测得的轴力比理论计算得到的轴力分别大 25%,20%,10%,17%。由此看来,在管片设计中,不考虑管片接头的效应并不意味设计结果最为保守,应该合理考虑接头对管片整体力学性能的影响。

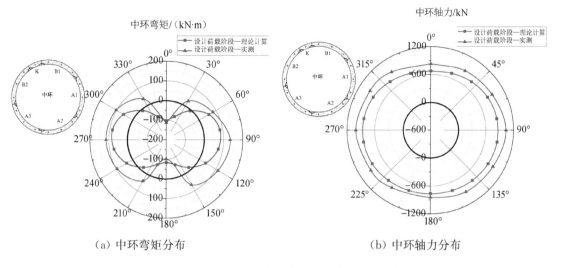

图 6.63　实测结构内力与理论计算对比分析

(3) 不同埋深条件下内力对比分析

图 6.64 为浅埋及中埋条件下中环管片在设计荷载阶段的内力变化曲线,弯矩以管片外侧受拉为正,内侧受拉为负;轴力以管片受压为正,受拉为负。

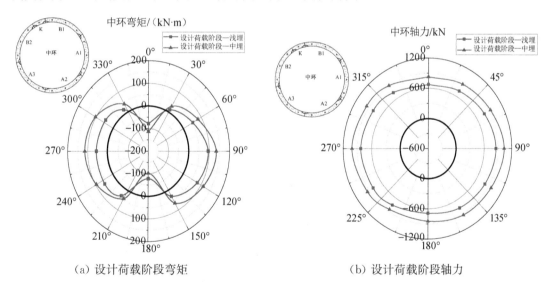

图 6.64　盾构隧道结构在不同阶段的内力变化曲线图

从图 6.64 可以看出,在设计荷载阶段,两种工况下隧道结构环向内力分布均较均匀,但拉压应力区的分布差异较大,中埋条件下中环管片在 0°~35°、160°~205°、340°~360°区域的内侧受拉,外侧受压,浅埋条件下中环管片在 0°~35°、160°~210°、330°~360°区域的内侧受拉,外侧受压。图 6.65 为浅埋及中埋管片在设计荷载阶段各截面的内力对比图。

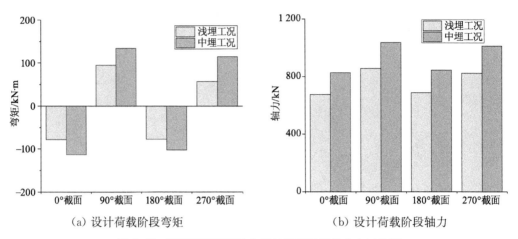

(a) 设计荷载阶段弯矩　　　　　　(b) 设计荷载阶段轴力

图 6.65　不同埋深时管片在设计荷载阶段的内力对比图

由图 6.65 可知,在设计荷载阶段,中埋工况下的管片在 0°、90°、180°、270°这 4 个截面处的弯矩及轴力均比浅埋工况下的管片大,两者的弯矩差值分别为 35 kN·m、39 kN·m、25 kN·m、57 kN·m,轴力差值分别为 151 kN、179 kN、157 kN、187 kN。

3) 密封垫接触压力分析

(1) 外部荷载与密封垫接触压力的关系

中埋盾构隧道底部的普遍埋深约为 22 m,其静水压力约为 0.2 MPa,由于弹性密封垫在设计年限内会受到老化的影响,因此防水压力设计值一般会在最大实际防水压力值的基础上乘以 1 个安全系数。根据《盾构法隧道防水技术规程》(DG/TJ 08—50—2012)规定:设计水压应为实际承受最大水压的 2～3 倍,本书中安全系数取 3,故设计水压取 0.6 MPa。

橡胶密封垫受到一定的压力时,会在管片与密封垫间、两密封垫间的接触面产生接触压力,如图 6.66 所示,当接触压力与水压满足式(6.6),可以认为密封垫密封完好。

$$p_w < p_0 \tag{6.6}$$

式中,p_w 为设计水压,p_0 为密封垫接触压力。

图 6.67 为中环管片密封垫接触压力与外部荷载的关系曲线,由图可知,密封垫接触压

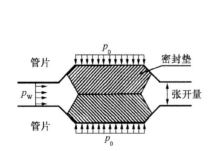

图 6.66　密封垫接触压力与设计水压的关系示意图

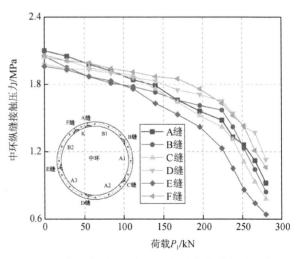

图 6.67　中环密封垫接触压力与外部荷载的关系曲线

力随荷载增加呈非线性降低。当 P_1 达到 280 kN 时,各个密封垫接触压力的大小排序为:D 缝＞F 缝＞A 缝＞B 缝＞C 缝＞E 缝。由图可知,E 缝的密封垫接触压力最小,具体压力值见表 6.10。

表 6.10 中环密封垫接触压力变化统计表

纵缝位置	中埋条件下设计荷载阶段密封垫接触压力/MPa
A 缝	0.92
B 缝	0.84
C 缝	0.78
D 缝	1.13
E 缝	0.64
F 缝	1.06

(2) 结构变形与密封垫接触压力的关系

图 6.68 为中环管片密封垫接触压力与拱腰收敛变形的关系曲线,由图可知,密封垫接触压力随变形增大呈非线性降低。当收敛变形达到 28 mm 时,E 缝的密封垫接触压力最小。

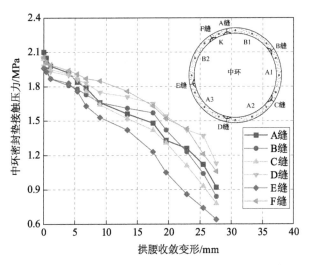

图 6.68 中环管片接缝接触压力与结构变形的关系曲线

4) 纵缝张开量分析

(1) 外部荷载与纵缝张开量的关系

将中环作为研究对象,试验分别对 12 个接缝的张开量进行了测试,纵缝的张开量取弹性密封垫处的张开量,如图 6.69 所示,纵缝张开量与外部荷载的变化曲线如图 6.70 所示。

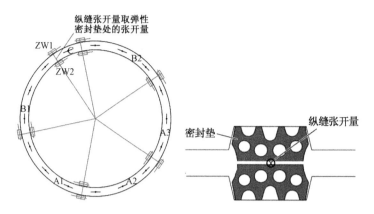

图 6.69　盾构隧道纵缝编号及张开量取值依据

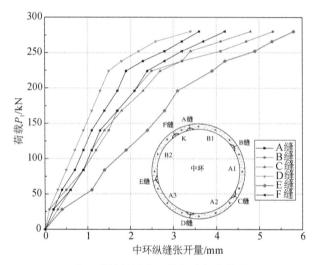

图 6.70　中环管片纵缝张开量与外部荷载的关系曲线

由图 6.70 可知,中环各接缝张开量随荷载增大呈非线性增加,当 P_1 达到设计荷载 280 kN 时,E 缝的纵缝张开量最大,为 5.8 mm。各个接缝张开量的大小排序为:E 缝>B 缝>C 缝>F 缝>A 缝>D 缝,具体数值如表 6.11 所示。

表 6.11　中埋条件下中环管片纵缝张开量与外部荷载关系统计表

接缝位置	设计荷载时张开量/mm
A 缝	3.6
B 缝	5.3
C 缝	4.8
D 缝	3.4
E 缝	5.8
F 缝	4.2

表 6.12　浅埋条件下中环管片纵缝张开量与外部荷载关系统计表

接缝位置	设计荷载时张开量/mm
A 缝	1.8
B 缝	4.8
C 缝	5.4
D 缝	2.6
E 缝	5.2
F 缝	5.1

表 6.11 和表 6.12 分别为中埋及浅埋下中环管片纵缝张开量与外部荷载关系统计表，由表可知，设计荷载下中埋管片的最大纵缝张开量为 E 缝(5.8 mm)，浅埋管片的最大纵缝张开量为 C 缝(5.4 mm)，两者数值相近。

(2) 结构变形与纵缝张开量的关系

图 6.71 为中环管片纵缝张开量与拱腰收敛变形的关系曲线，由图可知，纵缝张开量随变形增大呈非线性增大。当收敛变形达到 28 mm 时，E 缝的纵缝张开量最大。

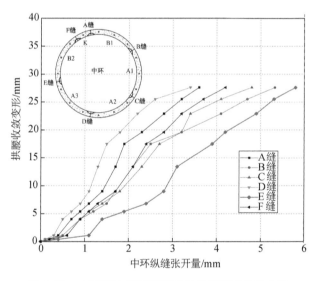

图 6.71　中环管片接缝张开量与收敛变形关系曲线

(3) 密封垫接触压力与纵缝张开量的关系

图 6.72 为中环管片密封垫接触压力与纵缝张开量的关系曲线，由图可知，密封垫接触压力随纵缝张开量增大近似呈线性降低，当 P_1 达到设计荷载时，各个接缝张开量的大小排序为：E 缝＞B 缝＞C 缝＞F 缝＞A 缝＞D 缝，而各个密封垫接触压力的大小排序为：E 缝＜C 缝＜B 缝＜A 缝＜F 缝＜D 缝。由此可知，纵缝张开量越大，密封垫接触压力越小。

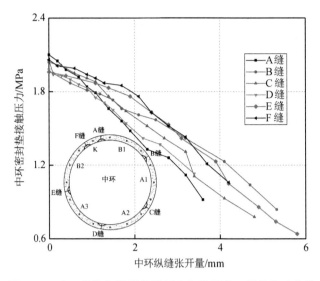

图 6.72 中环管片各纵缝接触压力与纵缝张开量的关系曲线

5)纵缝螺栓受力分析

(1)外部荷载与纵缝螺栓应力之间的关系

盾构管片螺栓采用 M30 弯螺栓连接(机械性能等级为 5.8 级),抗拉强度为 500 MPa,屈服强度为 400 MPa。以中环作为研究对象,试验分别对 6 个纵缝的螺栓应力进行了测试,纵缝螺栓测点如图 6.73 所示(CF1~CF6),纵缝螺栓受力与外部荷载的变化曲线如图 6.74 所示。

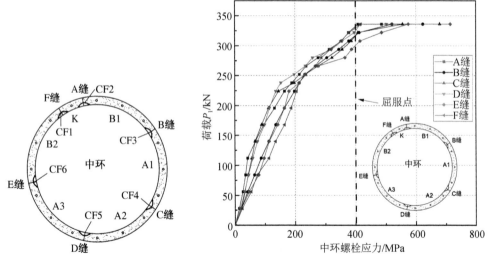

图 6.73 中环隐道纵缝螺栓测点编号 (CF1~CF6)　　图 6.74 中环管片纵缝螺栓应力与外部荷载的关系曲线

由图 6.74 可知,纵缝螺栓应力随外部荷载增大呈非线性增大。当 P_1 增加到设计荷载 280 kN 时,E 缝的螺栓应力最大,为 365 MPa。各个纵缝螺栓应力的大小排序为:E 缝>B 缝>C 缝>F 缝>A 缝>D 缝。

(2) 结构变形与纵缝螺栓应力之间的关系

以中环作为研究对象,中环的纵缝螺栓应力与结构收敛变形的关系曲线如图 6.75 所示。由图可知,纵缝螺栓应力随收敛变形增大呈非线性增大,当收敛变形达到 28 mm 时,E 缝的纵缝螺栓应力最大。

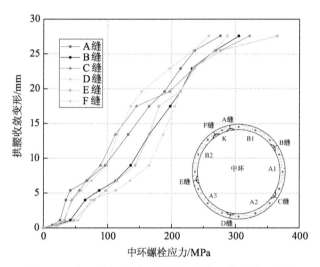

图 6.75 中环管片纵缝螺栓屈服与结构变形关系曲线

(3) 纵缝张开量和纵缝螺栓应力之间的关系

以中环作为研究对象,中环的纵缝张开量与纵缝螺栓应力关系曲线如图 6.76 所示。由图可知,纵缝螺栓应力随纵缝张开量增大近似呈线性增大,当 P_1 达到设计荷载时,各个接缝张开量的大小排序为:E 缝>B 缝>C 缝>F 缝>A 缝>D 缝,而各个螺栓应力的大小排序为:E 缝>B 缝>C 缝>F 缝>A 缝>D 缝,两者的大小排序相同。由此可知,纵缝张开量越大,螺栓应力越大。

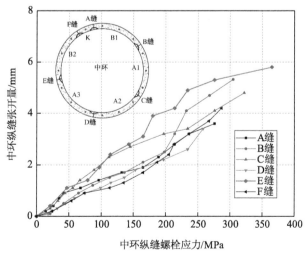

图 6.76 中环纵缝张开量与纵缝螺栓应力关系曲线

6) 环缝螺栓受力分析

(1) 外部荷载和环缝螺栓应力之间的关系

以上环和中环之间的环缝螺栓作为研究对象,试验分别对 7 个环缝螺栓的应力进行了测试,环缝测点布置如图 6.77 所示,分别为 B11,B27,B29,B31,B36,B38,B39。环缝螺栓受力与外部荷载的关系曲线如图 6.78 所示。

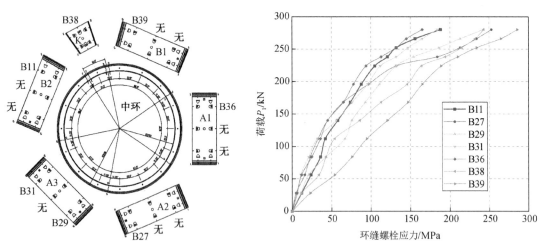

图 6.77 环缝螺栓测点布置图　　　图 6.78 环缝螺栓应力与外部荷载的关系曲线

由图 6.78 可知,环缝螺栓应力随外部荷载增大近似呈线性增大,当 P_1 增加到设计荷载 280 kN 时,B39(拱顶位置)的螺栓应力最大,为 286 MPa。各个环缝螺栓应力的大小排序为:B39＞B36＞B38＞B29＞B11＞B31＞B27。

(2) 结构变形和环缝螺栓应力之间的关系

以上环和中环之间的环缝螺栓作为研究对象,环缝螺栓受力与中环腰部收敛变形的关系曲线,如图 6.79 所示。由图可知,环缝螺栓应力随收敛变形增大近似呈线性增大,当收敛变形达到 28 mm 时,B39(拱顶位置)的环缝螺栓应力最大。

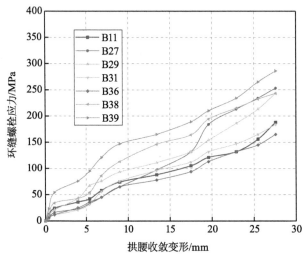

图 6.79 环缝螺栓应力与中环腰部收敛变形的关系曲线

7) 环缝径向错台分析

（1）外部荷载与环缝径向错台之间的关系

以上环与中环的环缝径向错台作为分析对象,试验分别对4个位置的环缝径向错台量进行了测试,测点编号及邻近接缝的位置如图6.80所示,环缝径向错动量与外部荷载的关系曲线如图6.81所示,数值为正表示中环相对上环向外侧扩张,数值为负表示中环相对上环向内侧收缩。

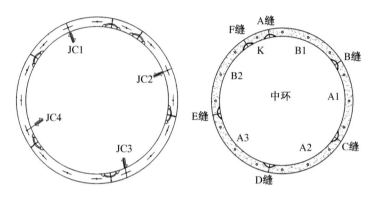

图6.80 环缝径向错台量测点与邻近接缝的位置示意图

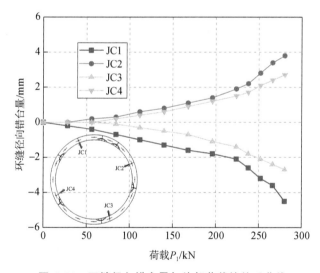

图6.81 环缝径向错台量与外部荷载的关系曲线

从图6.81可知,各个环缝错台量随外部荷载增大呈非线性增大,其中JC2和JC4为正,JC1和JC3为负,说明中环的顶底部位相对上环向内侧错动,拱腰部位相对上环向外侧错动。当P_1达到设计荷载280 kN时,JC1的环缝径向错动量最大,为4.5 mm,此时各环缝径向错台量绝对值的大小顺序可排列为:JC1＞JC2＞JC3＞JC4,具体情形如表6.13所示。

表 6.13 中埋条件下环缝径向错台量统计表

环缝径向错台测点编号	测点位置	设计荷载下径向错台量/mm
JC1	K 块	−4.5
JC2	A1 块	3.8
JC3	A2 块	−2.7
JC4	A3 块	2.6

表 6.14 浅埋条件下环缝径向错台量统计表

环缝径向错台测点编号	测点位置	设计荷载下径向错台量/mm
JC1	K 块	−2.7
JC2	A1 块	2.5
JC3	A2 块	−1.2
JC4	A3 块	1.6

表 6.14 为浅埋条件下中环的环缝径向错台量统计表,对比表 6.13 可知,在设计荷载下,浅埋的最大径向错台量为 2.7 mm(JC1),中埋的最大径向错台量为 4.5 mm(JC1),两者相差 1.8 mm,但位置均相同。

(2)结构变形和环缝径向错台之间的关系

以上环和中环之间的环缝径向错台作为研究对象,环缝径向错台量与中环腰部收敛变形的关系曲线如图 6.82 所示。由图可知,环缝径向错台量随收敛变形增大近似呈线性增大,当收敛变形达到 28 mm 时,JC1 的环缝径向错台动量最大。

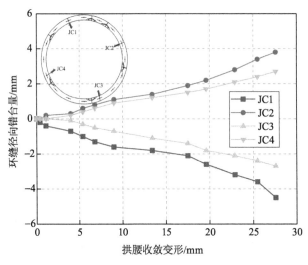

图 6.82 环缝径向错台与中环腰部收敛变形的关系曲线

第 7 章
临土侧锈裂对盾构隧道结构力学性能的影响

本章首先介绍盾构隧道结构力学计算模型,包括盾构隧道结构的计算参数以及盾构隧道结构的接头模拟。利用第 6 章盾构隧道结构力学性能足尺试验,验证盾构隧道结构力学计算模型的准确性。在此基础上,选取某城市地铁盾构隧道作为案例背景,采用该模型分析了超载条件及卸载条件下临土侧锈裂对盾构隧道结构力学性能的影响规律。

7.1 盾构隧道结构力学计算模型

7.1.1 盾构隧道结构的计算参数

以某城市地铁盾构隧道为例,盾构隧道外径为 6.2 m,内径为 5.5 m,管片厚度为 0.35 m,环宽为 1.2 m。盾构隧道由 1 块封顶块(K)、2 块邻接块(B1、B2)、3 块标准块(A1、A2、A3)组成,如图 7.1 所示。盾构隧道计算模型中管片均采用实体单元,内部钢筋笼如图 7.2 所示。其中,标准块管片内钢筋的分布间距如图 7.3 所示。管片混凝土和钢筋的参数与第 3 章相同。

假定盾构隧道拱腰处 A3 管片发生锈裂,则将 A3 管片作为独立的 UEL 单元在 INP 文件中输入,用于计算管片的裂缝。其余管片均采用三维 8 节点线性全积分实体单元,A3 管片钢筋与混凝土之间黏结-滑移关系与 5.2.1 节相同,其余管片钢筋与混凝土间接触仍采用 Embedded 方法。

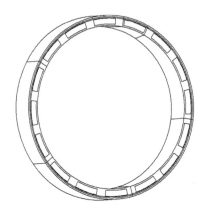

图 7.1　管片拼装示意图　　　　图 7.2　整环管片钢筋模型示意

图 7.3　标准块管片内钢筋分布间距(单位:mm)

计算模型中选用的埋深及土层条件如图 7.4 所示,外部的荷载分布形式如图 7.5 所示。其中,H 为埋深,D 为隧道直径,P_1 代表地表超载,P_2 代表隧道顶部承受垂直水土压力,G 为隧道自重,P_3 为隧道底部所受反力,两侧为对称梯形分布水平荷载 q_1,q_2,q_3 为隧道变形引起的侧向地层抗力。

在模型中通过固定隧道顶部和底部的横向位移,增大荷载 P_1 和 P_3,维持 q_1 和 q_2 不变来模拟超载条件;通过减小 q_1 和 q_2,维持 P_1 和 P_3 不变来模拟卸载条件。

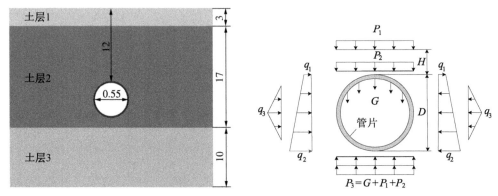

图 7.4　盾构隧道埋深及土层分布示意图(尺寸单位:m)　　　图 7.5　盾构隧道外部荷载示意图

表 7.1 土层参数表

土层号	土层名称	重度/(kN·m^{-3})	层厚/m	孔隙比 e	侧压力系数 λ
1	杂填土	18.1	3	1.054	0.48
2	淤泥质粉质黏土	17.5	17	1.155	0.70
3	粉土	18.2	10	0.946	0.53

7.1.2 盾构隧道结构的接头模拟

采用实体单元能够直观模拟螺栓,但实体单元螺栓与管片的接触关系导致计算耗时。因此,有必要寻找一种有效的螺栓简化模拟方法。目前常用的简化方法有:绑定法、嵌入法和替代法。绑定法是指螺栓端面与螺栓手孔面绑定,忽略两者的相对移动,该方法虽然可以大大减少软件在计算过程中搜索接触的时间,但却不符合真实情况,因为螺栓在弹性阶段并没有和管片接触,这样容易高估螺栓和螺栓孔壁接触后螺栓抵抗变形的能力。嵌入法是指把螺栓简化为梁单元嵌入管片,这样确实可以简化计算,但是嵌入法低估了螺栓抵抗变形的能力,使螺栓过早屈服,而且也无法模拟管片手孔附近混凝土开裂。替代法是指采用非实体部件代替螺栓如非线性弹簧,通过定义弹簧轴力-变形的关系来模拟螺栓的力学行为。该方法不仅大幅度减少计算的工作量,而且比较符合螺栓在螺栓孔中的变形过程。螺栓的屈服表现为由中部向两端逐渐发展,将两端手孔间相对位移作为螺栓的伸长量,可近似反映螺栓在接头张开过程中的伸长情况。因此,采用非线性弹簧对纵缝接头弯螺栓进行简化模拟是较优的选择。

为了获取非线性弹簧的刚度值,首先采用实体螺栓模拟接头获取螺栓轴力和螺栓手孔间相对位移的函数关系,然后对比接头试验[1]进行验证。接头试验的加载方式如图 7.6 所示,P 表示竖向荷载,N 表示轴向荷载,L 表示管片端部距接缝的水平距离,L_1 表示竖向加载点距接缝的水平距离,H 表示接缝中心距管片底部的垂直距离。试验中包含两块封顶块管片,外径 6.2 m,厚 0.35 m,管片环宽 1.2 m,采用 5.8 级 M30 螺栓连接管片接头,混凝土强度等级为 C55。进行对比的计算模型中螺栓和钢筋均采用实体模拟,模型边界条件如图 7.7 所示。

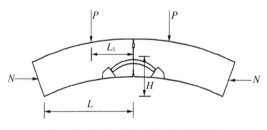

图 7.6 接头试验加载方式示意图

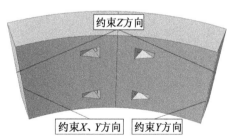

图 7.7 实体螺栓模型模拟的边界条件

提取接头张开过程中螺栓轴力和螺栓手孔间相对位移,结果如图 7.8 所示。由此可见,曲线变化大致分为四个阶段,在管片接头不断加载的过程中,螺栓轴力和手孔间相对位移都在同步增大。其中,螺栓轴力在 100 kN 之前增长速度较快,后一阶段增长速度有所减缓。采用非线性弹簧模拟的管片无螺栓孔,螺栓手孔间设置螺栓弹簧,接缝面间设置接触面。为了进一步提高计算效率,对实体单元模拟螺栓所得螺栓弹簧曲线进行如下简化:① 因为在螺栓与管片未发生相对运动时,实体单元模拟螺栓对管片约束过强,导致接头张开量不足,所以减小螺栓弹簧在阶段 I 的弹簧刚度;② 实体单元模拟螺栓时,因为阶段 II 螺栓对管片的约束不足,导致接头张开发展过快,因此提高螺栓弹簧在阶段 II 的弹簧刚度;③ 提高阶段 III 刚度后,阶段 III 位移已经较短,将螺栓弹簧的阶段 II 与阶段 III 合并,如图 7.9 所示。弹簧刚度的取值范围为[2]:当螺栓轴力小于 100 kN,弹簧刚度取值 50 kN/mm,当螺栓轴力为 100~280 kN,弹簧刚度取值 30 kN/mm,当螺栓轴力大于 280 kN 时,弹簧刚度取值 15 kN/mm。

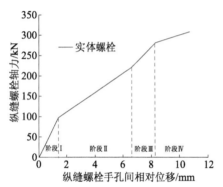

图 7.8 实体螺栓轴力与位移变化曲线

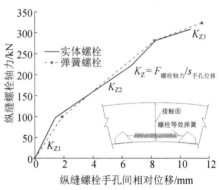

图 7.9 非线性弹簧刚度变化曲线

采用三折线的非线性弹簧螺栓模拟接头试验,提取有限元模拟结果并和试验值进行对比,如图 7.10 所示。可以看到,弹簧螺栓模型能够较为准确地模拟接头张开过程中接头螺栓的力学行为,模拟结果与试验结果吻合较好。而且,计算时间较实体螺栓大幅减少,如图 7.11 所示。

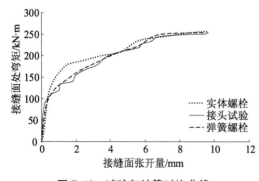

图 7.10 试验与计算对比曲线

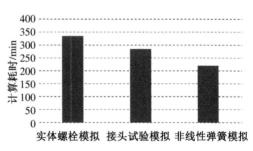

图 7.11 实体螺栓模拟与非线性弹簧耗时对比

7.2 盾构隧道结构力学计算模型的足尺试验验证

7.2.1 计算与试验的变形对比

盾构隧道结构力学性能足尺试验过程中，盾构隧道结构变形基本呈现左右对称的"横鸭蛋"形状。由图7.12可知，P_1 增大到设计值210 kN前，盾构隧道结构收敛变形近似呈线性增大趋势，隧道结构处于弹性受力状态。当试验进入超载阶段即 P_1 超过210 kN后，盾构隧道结构变形迅速增加，隧道结构整体刚度降低，隧道结构处于弹塑性状态。随着 P_1 进一步增大，管片结构混凝土大面积屈服，隧道结构进入塑性破坏阶段。此阶段 P_1 略增大或维持不变，就会使盾构隧道结构收敛变形急剧增加，顶、底部内侧及腰部外侧混凝土裂缝不断增多。当 P_1 最终稳定在331 kN时，隧道结构发生屈服，此后千斤顶荷载迅速减小，无法继续保持稳定。

有限元计算模拟隧道结构正常承载乃至超载过程中，水土压力增大到设计荷载210 kN 之前，隧道结构线性增大，处于弹性受力状态，进入超载阶段后结构变形增加较快，隧道结构处于弹塑性阶段，当水土压力达到330.4 kN时，结构屈服，结构进入塑性破坏阶段直至彻底失去承载能力。

由图7.12可见有限元计算结果和足尺试验在收敛变形发展趋势和结构屈服荷载等方面取得了较一致的结果。

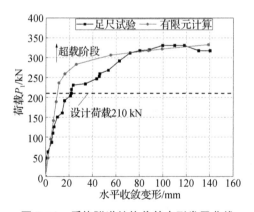

图7.12 盾构隧道结构收敛变形发展曲线

7.2.2 计算与试验的主筋受力对比

图7.13所示为足尺试验与有限元计算所得0°、214°截面内外侧主筋应力随荷载变化曲线，图中钢筋受拉为正，受压为负。

对于足尺试验，0°截面内侧主筋、214°截面外侧主筋始终处于受拉状态，0°截面外侧主筋、214°截面内侧主筋始终处于受压状态。随着 P_1 超过设计荷载并不断增大,主筋应力也由缓慢增加变为快速增加,且处于受拉状态的钢筋应力显著大于受压状态的钢筋应力。

对于有限元计算,0°截面内侧主筋、214°截面外侧主筋始终处于受拉状态,0°截面外侧主筋、214°截面内侧主筋始终处于受压状态。P_1 达到设计荷载之前主筋应力发展缓慢,P_1 超过设计荷载后主筋应力发展变快,且受拉状态的钢筋应力显著大于受压状态的钢筋应力。

由图 7.13 可见,有限元计算结果和足尺试验在主筋应力发展规律上一致性较好。

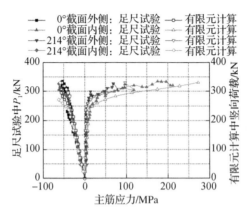

图 7.13 荷载-主筋应力曲线

图 7.14 所示为足尺试验与有限元计算所得 236°截面主筋荷载-应变曲线,图中以钢筋受拉为正,受压为负。

对于足尺试验,在 P_1 达到 210 kN 之前,236°截面外侧主筋应变数值较小,且随荷载增加而缓慢增加;内侧主筋应变较大,并与 P_1 呈线性关系。当 P_1 超过 210 kN 后,随着 P_1 增大,236°截面内、外侧主筋应变迅速增加。

对于有限元计算,236°截面主筋应变在 P_1 达到设计荷载前增长缓慢,与 P_1 呈线性关系,P_1 超过 210 kN 后,其内外侧主筋应变迅速增加。

由图 7.14 可见,有限元计算结果和足尺试验在主筋应变发展规律上一致性较好。

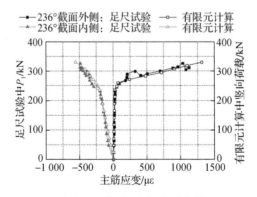

图 7.14 荷载-主筋应变曲线

7.2.3 计算与试验的接缝位移对比

图7.15所示为足尺试验与有限元计算所得4♯、5♯纵缝接头张开量,图中以接缝外侧张开为正,内侧张开为负。足尺试验加载过程中,4♯接头处于外侧张开、内侧压紧状态;5♯接头处于内侧张开、外侧压紧状态。对于有限元计算,正常承载阶段纵缝张开量与荷载呈现线性关系,超载阶段,纵缝张开量显著增加。

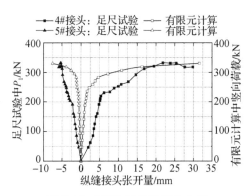

图7.15 荷载-纵缝张开量曲线

从图7.15可以看出,加载过程中足尺试验得到的纵缝张开量普遍大于有限元计算结果,但二者发展趋势一致且在隧道结构破坏时纵缝张开量大致接近。这是因为足尺试验中螺栓与螺栓孔存在空隙,管片接缝间也非紧密接触,从曲线上可以看出,试验管片初始阶段拱腰部位即存在接近2 mm的纵缝张开,而有限元模型不考虑管片接缝初始张开量,限制了接缝张开,从而延缓了变形和破坏过程。

7.3 多因素作用下盾构隧道结构刚度退化率

Koyama[3]考虑接头的影响,提出了盾构隧道横向抗弯刚度有效率 η 的概念,其计算原理如图7.16所示。

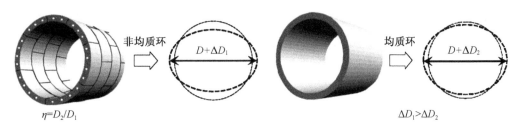

图7.16 盾构隧道横向抗弯刚度有效率示意图

本文考虑A3拱腰管片锈裂对横向抗弯刚度的影响,引入 β 作为盾构隧道结构刚度退化率,其计算公式如式(7.1)所示。

$$\beta = \frac{\Delta D_1}{\Delta D_1 + \Delta D_{\text{corr}}} \tag{7.1}$$

其中,ΔD_1 表示外部荷载引起的水平收敛变形增量,ΔD_{corr} 表示锈裂引起的水平收敛变形增量。

图 7.17 为不同因素影响下盾构隧道结构刚度退化率对比曲线,可知在锈蚀前期,不同电压下盾构隧道结构刚度退化率差别较小,随着锈蚀时间增长盾构隧道结构刚度退化率的差异逐渐增大,但整体变化趋势相同。当锈蚀时间达到 60 a,$M=235$ kN·m 对应的 2 组刚度退化率的差值达到 0.04,$M=320$ kN·m 对应的 2 组刚度退化率的差值达到 0.06。

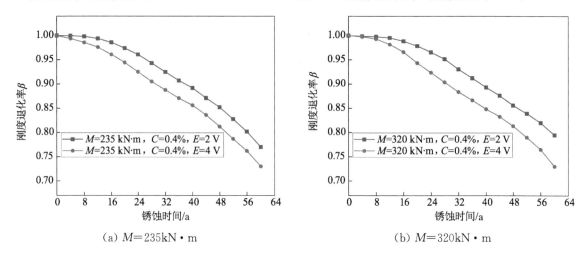

图 7.17 不同因素影响下盾构隧道结构刚度退化率随锈蚀时间的变化曲线

为得到锈裂作用下盾构隧道结构刚度退化率的计算公式,同样采用多元非线性回归的方法进行分析,以拱腰 A3 管片的弯矩 M、外表面氯离子含量 C、道床顶部输入电压 E、锈蚀时间 T 作为自变量,以盾构隧道结构刚度退化率 β 作为因变量,求出各因素与盾构隧道结构刚度退化率 β 的关系方程。图 7.18~图 7.21 为计算得出的各个影响指标与盾构隧道结构刚度退化率的散点图。

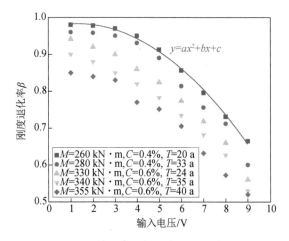

图 7.18 输入电压与刚度退化率的关系

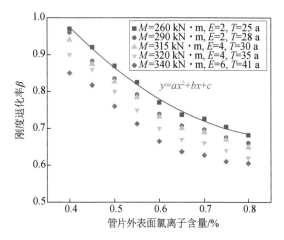

图 7.19 氯离子含量与刚度退化率的关系

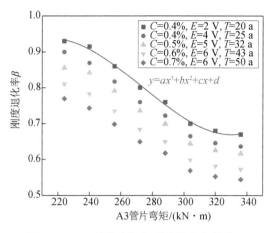

图 7.20　A3 管片弯矩与刚度退化率的关系

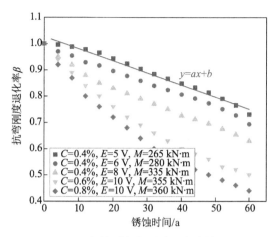

图 7.21　锈蚀时间与刚度退化率的关系

由图可知,在限度范围内,氯离子含量、输入电压、管片弯矩及锈蚀时间的增加均会减小盾构隧道结构刚度退化率,上述散点图的形式也符合一次、二次函数及三次函数的曲线特征。因此,通过多元非线性回归分析以及 MATLAB 的 nlinfit 求解,可得荷载—氯离子—电流作用下盾构隧道结构刚度退化率的计算公式:

$$\beta = 1 - 0.2T \cdot (2e{-}9M^3 + 1e{-}6M^2 + 2e{-}3E^2 + 0.05C^2 + 3e{-}4M + 0.01E + 0.03C - 0.15) \tag{7.2}$$

上述回归公式中,各个自变量参数的适用范围为:

$$\begin{cases} 220 \leqslant M \leqslant 400 \\ 0.4\% \leqslant C \leqslant 0.8\% \\ 0 < E \leqslant 80 \\ 0 < T \leqslant 100 \end{cases} \tag{7.3}$$

对回归得到的计算公式仍然采用多重可决系数进行拟合优度检验,多重可决系数 R^2 表示为:

$$R^2 = \frac{\text{TSS} - \text{RSS}}{\text{TSS}} \tag{7.4}$$

式 7-4 中,RSS 表示残差平方和,TSS 表示总离差平方和,R^2 越接近 1,则拟合效果越好。由表 7.2 所示 β 的拟合检验结果,可知各个多重可决系数均靠近 1,说明拟合效果较佳。

表 7.2　β 的拟合优度检验表

参数	E	C	M	T
R^2	0.984	0.989	0.992	0.995

7.4 临土侧锈裂对盾构隧道结构力学性能的影响分析

7.4.1 研究背景

某城市地铁盾构隧道管片混凝土强度等级为C50,抗渗等级为S10。衬砌圆环构造如图7.22所示,盾构隧道外径6.2 m,内径5.5 m,环宽1.2 m,管片厚度0.35 m。衬砌环由3类管片拼装形成,其中封顶块1块,角度为21.5°,封顶块两侧分别为邻接块,角度为68°,剩下三块均为标准块,角度为67.5°。盾构隧道纵缝含凹凸榫,环缝不含凹凸榫,如图7.23所示。相邻管片之间采用M30弯螺栓进行连接,环向弯螺栓数量为12,纵向弯螺栓数量为16,螺栓的强度等级均为5.8级,纵缝螺栓孔和环缝螺栓孔的构造如图7.24所示。

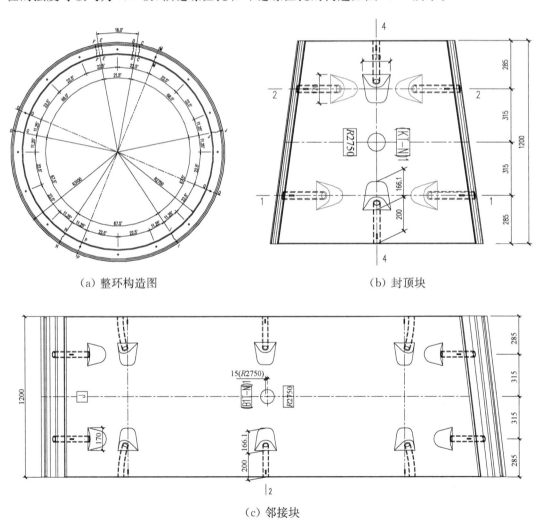

(a) 整环构造图 (b) 封顶块

(c) 邻接块

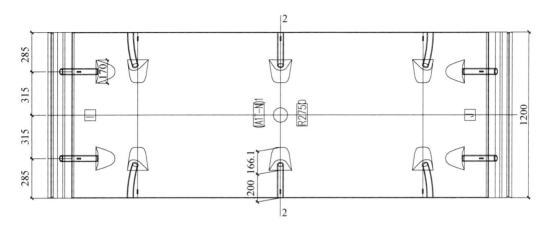

(d) 标准块

图 7.22 管片构造示意图(尺寸单位:mm)

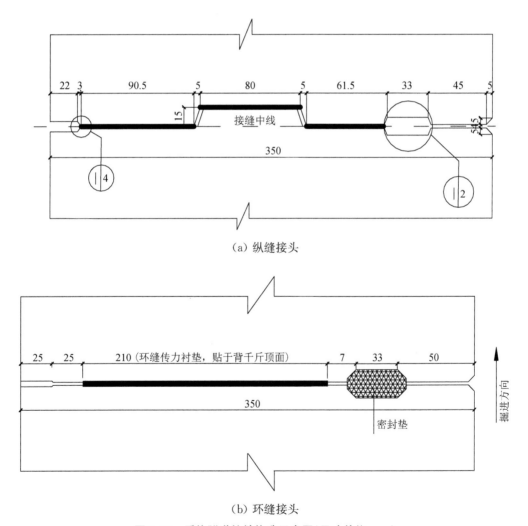

(a) 纵缝接头

(b) 环缝接头

图 7.23 盾构隧道接缝构造示意图(尺寸单位:mm)

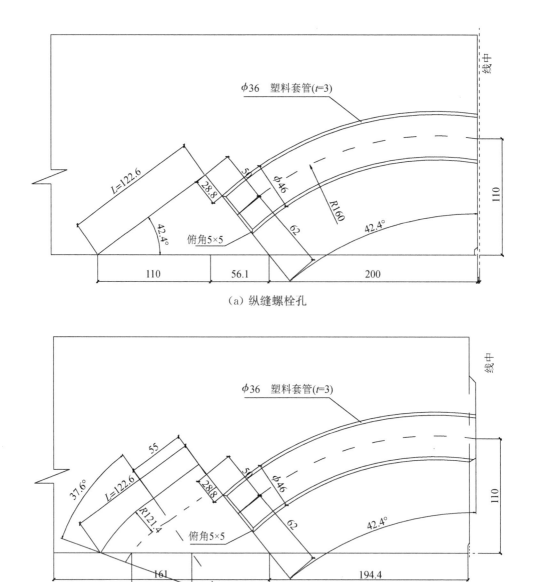

(a) 纵缝螺栓孔

(b) 环缝螺栓孔

图 7.24 盾构隧道接缝螺栓孔构造示意图(尺寸单位:mm)

管片内部钢筋主要包括主筋、纵向筋、箍筋、螺栓手孔钢筋,采用的等级为 HRB335。图 7.25 和图 7.26 为浅埋条件下标准块管片内部钢筋构造图,其中主筋和纵向筋的直径为 16 mm,箍筋的直径为 10 mm,螺栓手孔钢筋的直径为 16 mm。

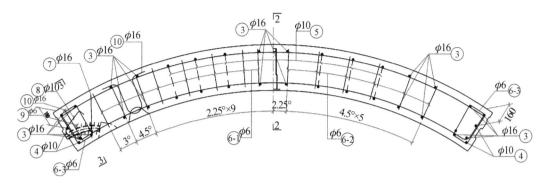

图 7.25 浅埋条件下标准块管片钢筋构造俯视图(尺寸单位:mm)

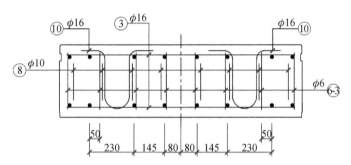

图 7.26 浅埋条件下标准块管片钢筋构造侧视图(尺寸单位:mm)

7.4.2 超载条件下盾构隧道临土侧锈裂影响分析

假定地表堆土影响,盾构隧道收敛变形达到 60 mm,盾构隧道外侧土壤中氯离子含量为 0.7%,道床顶部的泄露电压为 5~10 V。假定服役期间外部影响因素保持不变,选取 3 种工况进行计算,如表 7.3 示,分析 10~60 a 拱腰管片锈裂引起盾构隧道的横向收敛变形、内力、接缝张开及安全等级。

表 7.3 超载条件下模型计算工况

工况	盾构隧道埋深/m	拱腰管片外弧面氯离子含量/%	道床顶部泄露电压/V
1	12	0.7	5
2	12	0.7	8
3	12	0.7	10

通过前面构建的盾构隧道结构力学计算模型,当收敛变形达到 60 mm 时,拱腰 A3 管片对应的弯矩为 256 kN·m。将上述参数代入到盾构隧道结构刚度退化率的计算公式中,得出横向收敛变形和刚度退化率的变化曲线,如图 7.27 和图 7.28 所示。可知,盾构隧道结构刚度退化率随时间近似呈线性减小,当输入电压从 5 V 增大到 10 V 时,锈蚀 60 a 的盾构隧道结构刚度退化率减小了 31%,收敛变形增大了 34 mm。

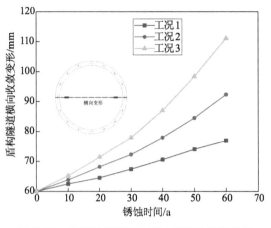
图 7.27 隧道横向变形与锈蚀时间的变化关系

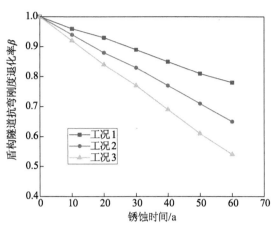
图 7.28 刚度退化率与锈蚀时间的变化关系

图 7.29～图 7.31 为超载条件下三组工况不同锈蚀时间段的内力分布曲线。由图可知，随锈蚀时间增长，拱底及拱腰部位的弯矩及轴力均有不同程度的增大。当锈蚀达到 60 a 时，各组在 0°截面的弯矩分别增大了 1.9 倍、2.2 倍、2.4 倍，在 90°截面的弯矩分别增大了 1.7 倍、1.9 倍、2.2 倍，在 180°截面的弯矩分别增大了 2.1 倍、2.2 倍、2.4 倍，在 270°截面的弯矩分别增大了 1.7 倍、2.0 倍、2.1 倍。当锈蚀达到 60 a 时，各组在 0°截面的轴力分别增大了 2.1 倍、2.2 倍、2.3 倍，在 90°截面的轴力分别增大了 1.6 倍、1.8 倍、2.0 倍，在 180°截面的轴力分别增大了 1.8 倍、1.9 倍、2.0 倍，在 270°截面的轴力分别增大了 1.6 倍、1.7 倍、2.0 倍。图 7.32～图 7.34 为超载条件下三组工况未锈蚀与锈蚀 60 a 时的内力对比图。

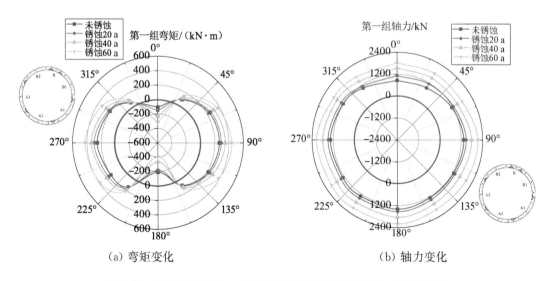

(a) 弯矩变化　　(b) 轴力变化

图 7.29 超载条件下第一组工况不同锈蚀时间的隧道内力分布曲线

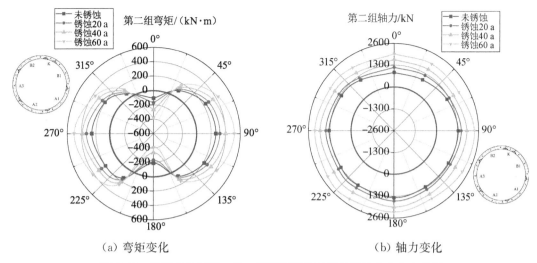

(a) 弯矩变化　　　　　　　　　　　(b) 轴力变化

图 7.30　超载条件下第二组工况不同锈蚀时间的隧道内力分布曲线

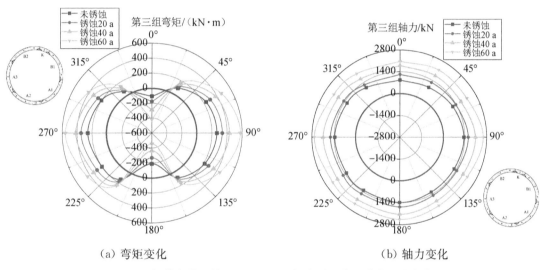

(a) 弯矩变化　　　　　　　　　　　(b) 轴力变化

图 7.31　超载条件下第三组工况不同锈蚀时间的隧道内力分布曲线

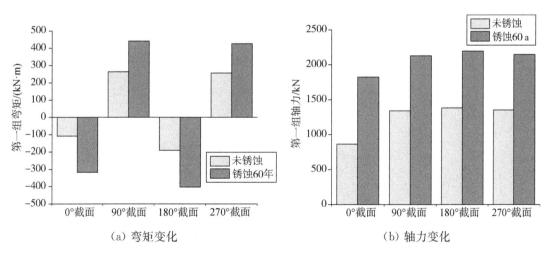

(a) 弯矩变化　　　　　　　　　　　(b) 轴力变化

图 7.32　超载条件下第一组工况不同截面的隧道内力对比图

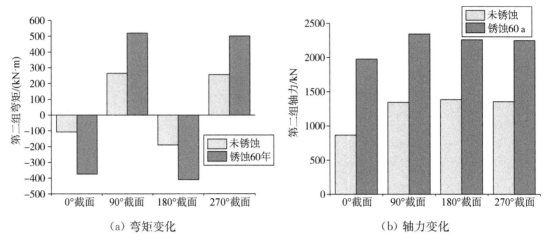

(a) 弯矩变化　　　　　　　　　　(b) 轴力变化

图 7.33　超载条件下第二组工况不同截面的隧道内力对比图

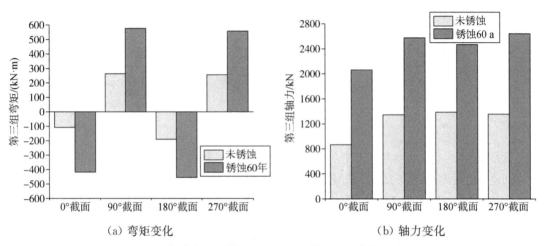

(a) 弯矩变化　　　　　　　　　　(b) 轴力变化

图 7.34　超载条件下第三组工况不同截面的隧道内力对比图

图 7.35～图 7.40 为超载条件下三组工况不同接缝的张开量与锈蚀时间的关系曲线。可知,接缝张开量随锈蚀时间增大呈非线性增大,且 B 缝的张开量始终为最大,当输入电压从 5 V 增大到 10 V 时,锈蚀 60 a 的 A 缝～F 缝的张开量分别增大了 51%、73%、59%、64%、62%、59%。

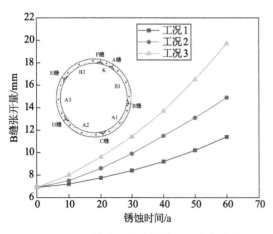

图 7.35　B 缝张开量随锈蚀时间变化曲线

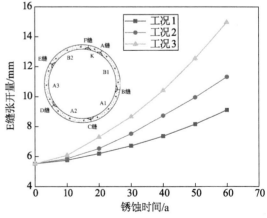

图 7.36　E 缝张开量随锈蚀时间变化曲线

第7章 临土侧锈裂对盾构隧道结构力学性能的影响

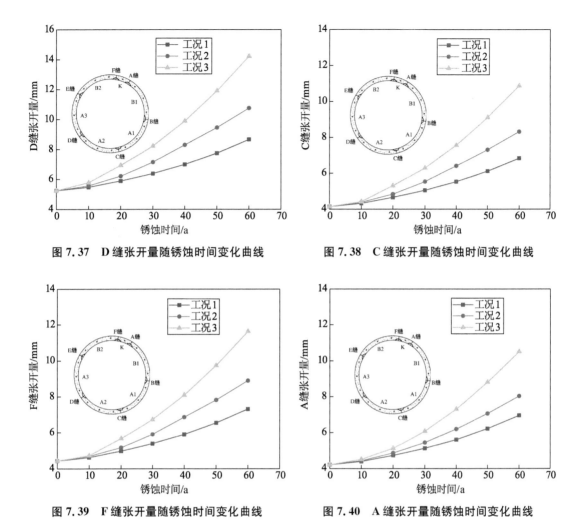

图 7.37 D 缝张开量随锈蚀时间变化曲线

图 7.38 C 缝张开量随锈蚀时间变化曲线

图 7.39 F 缝张开量随锈蚀时间变化曲线

图 7.40 A 缝张开量随锈蚀时间变化曲线

王明卓[4]等以盾构隧道横向收敛变形作为评价指标,将盾构隧道的安全等级划为4级(单位为mm),即:$[126,+\infty)$(Ⅰ类),$[80,126)$(Ⅱ类),$[40,80)$(Ⅲ类),$[0,40)$(Ⅳ类),则超载条件下各个锈蚀时间对应的隧道安全等级如表 7.4 所示。

表 7.4 超载条件下不同锈蚀时间的隧道安全等级表

锈裂时间/a	工况 1 的隧道安全等级	工况 2 的隧道安全等级	工况 3 的隧道安全等级
10	Ⅲ类	Ⅲ类	Ⅲ类
20	Ⅲ类	Ⅲ类	Ⅲ类
30	Ⅲ类	Ⅲ类	Ⅲ类
40	Ⅲ类	Ⅲ类	Ⅱ类
50	Ⅲ类	Ⅱ类	Ⅱ类
60	Ⅲ类	Ⅱ类	Ⅱ类

7.4.3 卸载条件下盾构隧道临土侧锈裂影响分析

假定受邻近基坑开挖影响,盾构隧道收敛变形达到 80 mm,盾构隧道外侧土壤中氯离子含量为 0.8%,道床顶部的泄露电压分别为 6 V、8 V、10 V。假定在此期间外部影响因素保持不变,选取 3 种工况进行计算,如表 7.5,分析 10~60 a 地铁盾构隧道横向收敛变形、内力、接缝张开及安全状态。

表 7.5 卸载条件下模型计算工况

工况	盾构隧道埋深/m	拱腰管片外弧面氯离子含量/%	道床顶部泄露电压/V
1	14	0.8	6
2	14	0.8	8
3	14	0.8	10

通过前面构建的盾构隧道结构力学计算模型,当收敛变形达到 80 mm 时,拱腰管片对应的弯矩为 324 kN·m。将上述参数代入到盾构隧道结构刚度退化率的计算公式中,得出隧道横向收敛变形和刚度退化率的变化曲线,如图 7.41 和图 7.42 所示,可知盾构隧道的横向收敛变形随时间近似呈线性增大,当输入电压从 6 V 增大到 10 V 时,锈蚀 60 a 的隧道横向收敛变形增大了 51 mm,刚度退化率减小了 29%。

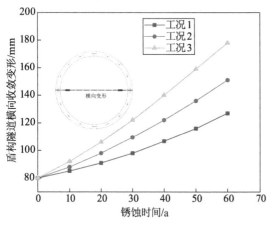 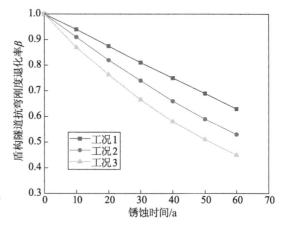

图 7.41 隧道横向变形与锈蚀时间的变化关系　　图 7.42 刚度退化率与锈蚀时间的关系

图 7.43~图 7.45 为卸载条件下三组工况不同锈蚀时间的内力变化曲线,由图可知,随锈蚀时间增长,拱底及拱腰部位的弯矩及轴力均有不同程度的增大。当锈蚀达到 60 a 时,各组在 0°截面的弯矩分别增大了 3.1 倍、3.6 倍、4.0 倍,在 90°截面的弯矩分别增大了 1.6 倍、2.2 倍、2.5 倍,在 180°截面的弯矩分别增大了 3.5 倍、4.2 倍、4.8 倍,在 270°截面的弯矩分别增大了 1.8 倍、2.2 倍、2.7 倍。当锈蚀达到 60 a 时,各组在 0°截面的轴力分别增大了 1.7 倍、2.3 倍、2.5 倍,在 90°截面的轴力分别增大了 1.7 倍、1.8 倍、1.9 倍,在 180°截面的轴力分别增大了 1.6 倍、1.8 倍、2.0 倍,在 270°截面的轴力分别增大了 1.7 倍、1.8 倍、1.9 倍。图 7.46~图 7.48 为卸载条件下三组工况未锈蚀与锈蚀 60 a 的内力对比图。

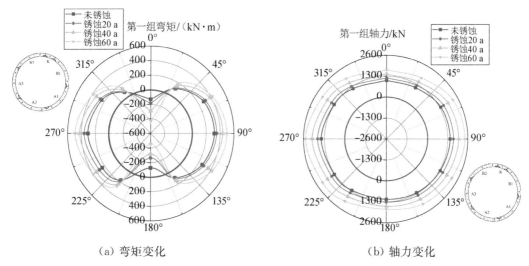

(a) 弯矩变化　　　　　　　　　(b) 轴力变化

图 7.43　卸载条件下第一组工况不同锈蚀时间的隧道内力分布曲线

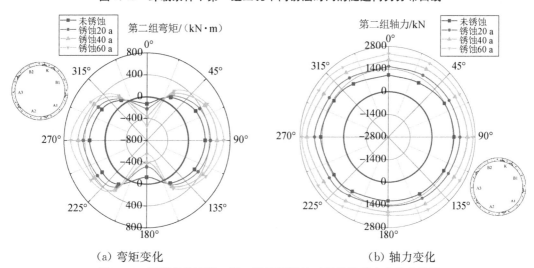

(a) 弯矩变化　　　　　　　　　(b) 轴力变化

图 7.44　卸载条件下第二组工况不同锈蚀时间的隧道内力分布曲线

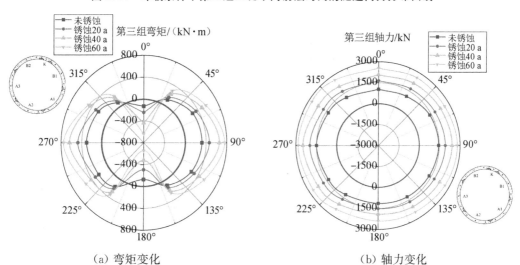

(a) 弯矩变化　　　　　　　　　(b) 轴力变化

图 7.45　卸载条件下第三组工况不同锈蚀时间的隧道内力分布曲线

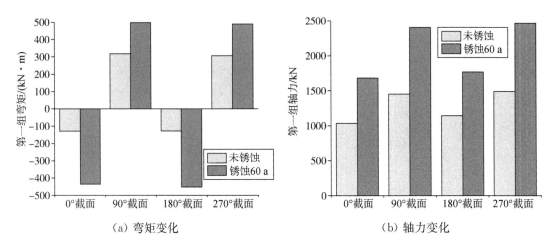

图 7.46 卸载条件下第一组工况不同截面的隧道内力对比图

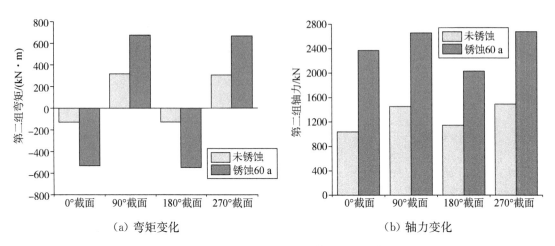

图 7.47 卸载条件下第二组工况不同截面的隧道内力对比图

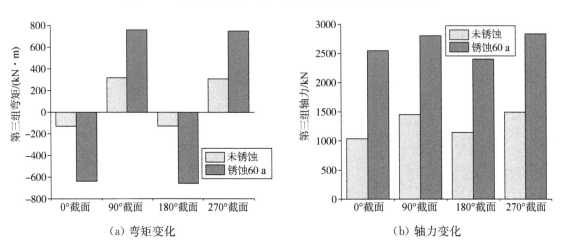

图 7.48 卸载条件下第三组工况不同截面的隧道内力对比图

图 7.49～图 7.54 为卸载条件下 3 组工况不同接缝的张开量与锈蚀时间的关系曲线,可

知接缝张开量随锈蚀时间增大呈非线性增大,同一工况下各接缝张开量的大小排序为:B 缝＞D 缝＞E 缝＞F 缝＞C 缝＞A 缝,当输入电压从 6 V 增大到 10 V 时,锈蚀 60 a 的 A 缝～F 缝的张开量分别增大了 60%、75%、65%、70%、67%、65%。

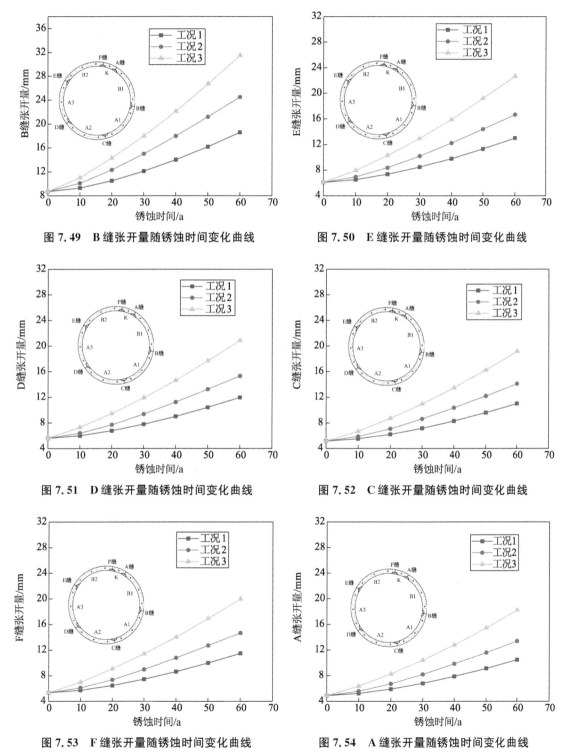

图 7.49　B 缝张开量随锈蚀时间变化曲线　　　　图 7.50　E 缝张开量随锈蚀时间变化曲线

图 7.51　D 缝张开量随锈蚀时间变化曲线　　　　图 7.52　C 缝张开量随锈蚀时间变化曲线

图 7.53　F 缝张开量随锈蚀时间变化曲线　　　　图 7.54　A 缝张开量随锈蚀时间变化曲线

同样采用上文提到的安全等级划分标准,则卸载条件下各个锈蚀时间对应的隧道安全等级如表 7.6 所示。

表 7.6 卸载条件下不同锈蚀时间段的隧道安全等级表

锈裂时间/a	工况 1 的隧道安全等级	工况 2 的隧道安全等级	工况 3 的隧道安全等级
10	Ⅱ类	Ⅱ类	Ⅱ类
20	Ⅱ类	Ⅱ类	Ⅱ类
30	Ⅱ类	Ⅱ类	Ⅱ类
40	Ⅱ类	Ⅱ类	Ⅰ类
50	Ⅱ类	Ⅰ类	Ⅰ类
60	Ⅰ类	Ⅰ类	Ⅰ类

参考文献

[1] 张雪健,庄晓莹,朱合华. 盾构隧道管片接头三维数值模型边界条件研究[C]//第十三届海峡两岸隧道与地下工程学术及技术研讨会论文集,2014:161-166.

[2] 余朔,金浩,毕湘利. 环缝榫槽破坏对相邻环变形及内力的影响[J]. 北京交通大学学报,2020,44(4):1-12.

[3] KOYAMA Y. Present status and technology of shield tunneling method in Japan[J]. Tunnelling and underground space technology, 2003, 18:145-159.

[4] 王明卓,黄宏伟. 基于横向收敛变形的盾构隧道风险评价研究[J]. 现代隧道技术,2014, 51(S1):158-164.

第8章
盾构隧道临土侧锈裂的治理方法

正如第5章和第7章所述,临土侧锈裂会导致管片抗弯刚度下降,继而导致盾构隧道结构力学性能受到影响。如果任由其发展,盾构隧道结构变形将进一步增大,形成恶性循环。依据盾构隧道组成,盾构隧道临土侧锈裂的治理方法可以分为管片注浆加固方法和盾构隧道结构加固方法。

采用注浆方法填充管片锈裂空隙,阻断锈裂的进一步发展,保持甚至部分恢复管片的抗弯刚度。在此基础上,协同盾构隧道结构加固方法,阻止盾构隧道结构变形的进一步增大,避免注浆加固管片再次开裂。

8.1 管片注浆加固方法

目前,针对管片外弧面锈裂的注浆加固尚没有直接的标准规范。管片外弧面锈裂的加固治理方法主要参考管片渗漏水的注浆加固方法。比如:行业标准《地下工程渗漏治理技术规程》(JGJ/T 212—2010);福建省地方标准《城市轨道交通工程渗漏水治理技术规程》(DBJ/T 13-313—2019);广东省地方标准《轨道交通工程地下混凝土结构渗漏水治理技术规范》(DBJ/T 15-228—2022)等。因此,基于管片渗漏水注浆加固方法,初步形成了针对管片外弧面锈裂的注浆加固方法。另外,笔者团队也一直在改进注浆材料以及优化注浆加固方法。基本思路:(1) 管片外弧面注浆,形成隔离层;(2) 管片内部注浆,填充裂缝。管片注浆加固示意图如图8.1所示。

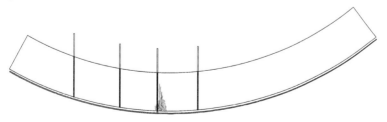

图8.1 管片注浆加固示意图

8.1.1 注浆材料要求

(1) 根据灌性及现场环境等条件,选择环氧树脂、水泥基或油溶性聚氨酯等固结体强度高、凝结时间合适的注浆材料。

(2) 环氧树脂注浆材料不宜在水流速度较大的条件下使用,且不宜用作注浆止水材料。

(3) 根据灌性及现场环境等条件,可采用两种或两种以上有机-有机、有机-无机材料复合使用,材料复合使用时互相不得产生不良影响。

(4) 经施工现场试验验证能满足工程要求的其他新材料也可应用。

8.1.2 施工规范

(1) 注浆法施工流程宜按下列步骤进行:基面清理→布置孔位→钻孔(埋管/贴嘴)→封闭并检查→注浆→待凝→拆管→表面修复。

(2) 注浆时应遵循少量多次、低压慢注、稳压渗透的原则。

(3) 注浆施工前应进行注浆试验,选择合理的浆液配比、注浆压力、初凝时间、终凝时间等注浆参数。

(4) 注浆过程中应密切观测并记录进浆的速度和进浆量的变化情况。

(5) 单液注浆时,浆液配制宜遵循"少量多次"和"控制浆温"的原则;双液注浆时浆液配比应按材料使用说明,结合现场实际情况试验确定。

(6) 注浆宜连续进行,中断后至恢复注浆施工的间隔时间不宜超过材料的初凝时间或 30 min。

(7) 注浆过程中,当观察到浆液从所有注浆嘴中外溢时可终止注浆。

(8) 注浆全部结束且注浆材料固化后,应按工程要求处理注浆嘴(管)、封孔,并清除外溢的注浆材料。

8.2 管片注浆加固施工方法

以北京市政路桥股份有限公司对某城市地铁盾构隧道临土侧锈裂进行管片注浆加固为例。

8.2.1 注浆材料选择

水下不分散注浆料是一种基于水泥适应性的功能型复合添加剂,广泛用于注浆施工、注浆施工、浇筑施工(淡水、海水、泥浆水),以及一些水下构筑物的修补及加固施工。采用水下不分散注浆母料配制的注浆水泥、注浆料、自密实混凝土,不腐蚀钢筋,不污染施工水域,无毒害,可用于饮水工程。

亲水型环氧树脂注浆料渗透能力强、黏结能力强、固化后无毒无腐蚀,具有优异的亲水性,可灌入 3 μm 的裂缝中,是专用于缺陷型混凝土止水补强加固的新型注浆材料。环氧胶泥黏结力高、韧性好,可用于潮湿基层处理;抗老化、抗碳化、耐酸碱盐及有害气体腐蚀;与混凝土涨缩性能匹配,可避免脱壳、开裂现象产生。

8.2.2 注浆准备

(1) 提前调试注浆机,保证注浆管不堵塞、压力表工作正常。

(2) 根据吊装注浆孔设计图纸或管片厂信息配备合适注浆头;球阀根据注浆头末端连接尺寸配备,必要时安装转接头。

(3) 根据周围地质水文情况,确定浆液配合比,注浆材料一般选用高强度水泥注浆料和水泥-水玻璃双液浆,并提前准备足够的注浆材料。

8.2.3 注浆孔位确定

注浆孔位可以选择管片预留注浆孔或者根据实际情况确定,如图 8.2 所示。

(a) 管片预留注浆孔位　　　　　　(b) 管片一般位置所用注浆球阀

图 8.2　注浆孔位确定

8.2.4 注浆孔开孔

(1) 在管片注浆孔安装已试装的注浆头,为避免出现涌水、涌砂等危险情况,务必确认注浆头安装牢固。

(2) 将球阀安装在注浆头上,打开球阀,采用电镐进行钻孔,钻头开孔过程必须慢速、垂直钻进。

(3) 钻孔完成后,关闭球阀,在此确认注浆头、球阀的密闭性及牢固性。

8.2.5 管片注浆

(1) 注浆前,再次检查设备、仪表是否正常。

（2）按预定配合比配置浆料，浆料配置过程中必须采用搅拌器对浆料进行充分拌和，避免浆液出现离析、分层、不均匀等情况。

（3）注浆机进料口放置细孔筛，对浆液进行过滤，避免出现砂石、团块等堵塞注浆管的情形出现。

（4）注浆过程在管片纵向必须采用跳孔注浆法，避免局部浆液集中对管片稳定产生不利影响。（图8.3）

图 8.3　管片壁后注浆

8.2.6　注浆结束标准

（1）注浆压力达到特定值后，应停止注浆，当稳压一段时间后无明显压力降，则认为浆液已经饱满，注浆完毕。

（2）当注浆过程中压力虽未达到特定值，但监测结果表示管片有出现持续变形或异常突变时，建议停止注浆，注浆完毕。（图8.4）

（3）当对该位置进行多孔注浆时，当已有注浆孔停注时的注浆量无明显偏离时，可将该注浆量作为停注标准。

图 8.4　压力控制、变形测量

8.3 盾构隧道结构加固方法

目前,盾构隧道结构加固主要服务于盾构隧道结构变形控制。盾构隧道结构加固方法主要有碳纤维或芳纶纤维粘贴法、内钢圈加固法,等。其中,内钢圈加固法往往用于盾构隧道变形超限较为严重的情况。

8.3.1 碳纤维或芳纶纤维粘贴法

碳纤维或芳纶纤维粘贴法具有运输方便,施工快捷的优点。用碳纤维或芳纶纤维对混凝土加固,可以明显提高结构强度,因而已被广泛应用于各类型结构的补强加固。但是,在对已营运的盾构隧道结构加固时,黏结剂是否充分固化及能否和纤维充分浸润结合是一个不容忽视的问题。另外,碳纤维或芳纶纤维适用于受拉区,在受压区使用时效率低、加固效果差。图 8.5 为芳纶纤维加固的工程应用。

图 8.5 芳纶纤维加固的工程应用

8.3.2 内钢圈加固法

内钢圈加固法是采用专用重型机械举重臂,在盾构隧道结构内侧分段安装厚钢板,再用膨胀螺栓分别固定,然后使用电焊将各钢板焊接成整体,形成与隧道内壁形状基本一致的钢环。最后,在钢环与管片结构的间隙中灌注环氧树脂。目前该方法已用于营运的地铁隧道结构加固中,加固效果较好,能同时提高结构的强度和刚度,承载力的提高幅度也比较大。但此方法存在钢板自重过大、专用举重设备需长距离进出场、焊缝多、现场焊接质量控制难度大、使用明火存在安全隐患、厚钢板造型困难、钢板与管片的后注浆黏结差使加固效果大打折扣、钢结构腐蚀问题及工期长、加固造价高等问题。图 8.6 为盾构隧道内钢圈加固的工程应用。

图 8.6 盾构隧道内钢圈加固的工程应用

8.4 盾构隧道结构内钢圈加固施工方法

8.4.1 内钢圈的加工制造

(1) 内钢圈的放样

当加固段位于地铁列车转弯段时,铺设轨道的地基存在较大倾角,因此两侧钢道板的截面尺寸与设计图纸存在较大区别,而且每环情况都不一样。为此,为了提高加固施工的质量,满足加固设计的要求,在加固现场进行放样,然后制造两侧的钢道板(图 8.7)。上部钢板衬由于受隧道截面变形影响,实际弧度和弧长与理论值不符,为此需要修正钢板衬的形状和弧长。施工时,采用塑料板对每一块内钢圈进行放样,根据放样的尺寸,在工厂内进行。

图 8.7 内钢圈尺寸放样

(2) 内钢圈的加工

依据设计图纸,根据现场内钢圈放样尺寸,由专业加工单位进行钢内衬的加工。加工后的内钢圈按照左钢道板、左衬板、上衬板、右上衬板、右下衬板、右钢道板等进行编号,同时预开膨胀螺栓的孔位,表面涂刷黑色环氧漆。钢道板和钢板衬根据放样在工厂内完成制造,然后运抵现场进行安装。

(3) 连接板的制造与安装

根据设计要求,在工厂内加工道床上连接钢板,具体尺寸根据现场放样结果确定。连接板是用来连接左右钢道板的,两端与钢道板采用电焊连接。由于连接板必须从地铁轨道下穿过,考虑到整根连接板不能穿过地铁轨道,因此被分为两段,在现场用电焊连接。

8.4.2 内钢圈的主要施工流程

内钢圈的安装施工工序:(1) 牛腿安装;(2) 钢板安装;(3) 道床上钢板安装;(4) 钢板支撑成环焊接;(5) 环氧树脂充填。

(1) 牛腿安装

在道床的两侧安装牛腿支架的施工顺序是:① 安装牛腿支架前,先将道床两侧的混凝土渣土凿除,以保证有足够的施工空间;② 提前将道床侧面混凝土(牛腿支架安装范围内)和管片内弧面凿毛,以保证环氧黏结牢固;③ 牛腿支架环板与管片内弧面采用 6 只 M16 膨胀螺栓连接(沿隧道管片内弧面布置,间距 300 mm,埋深 100 mm);④ 考虑到隧道排水的要求,牛腿支架内设置 PVC 排水管;⑤ 牛腿支架上预留压注孔,在所有环板和道床上钢板安装完毕后,利用预留孔在支架与管片及道床之间进行环氧树脂的填充。

牛腿的结构及安装如图 8.8～图 8.19 所示。

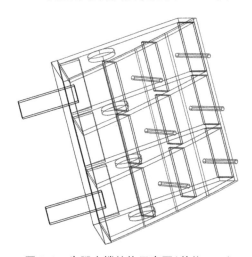

图 8.8　牛腿支撑结构示意图(单位:mm)

图 8.9　牛腿支撑结构安装图

(2) 钢板安装

由机械手依次从下往上两边对称安装钢板,每安装就位一块钢板用电焊点焊连接相邻的钢板,用膨胀螺栓临时固定,并焊接钢板之间的纵缝。(图 8.10)

图 8.10 钢板安装施工过程图

(3) 道床上钢板安装

考虑到环板安装过程中可能存在尺寸误差,在环板全部安装完成后再进行道床上牛腿支架与牛腿支架之间的钢板连接,钢板设置在轨枕之间。(图 8.11)

图 8.11 道床上钢板安装

(4) 钢板支撑成环焊接

在牛腿支架、环形钢板和道床上钢板全部安装完毕后,进行整体焊接,以保证内部支撑形成一个良好的受力整体,起到对隧道加固支撑的作用。

(5) 环氧树脂充填

当钢内衬安装完毕后,它与管片之间不可避免地会存在大小不等的间隙,只有采用相应的材料来填充、黏结后,才能使管片和钢内衬连为一体,同时承受应力的变化。

钢板支撑安装完成后进行环形钢板与管片之间的环氧树脂压注填充。环形钢板就位后,钢板弧度两侧与管片接缝采用快干水泥进行封堵,利用环形钢板中央预留的压注孔(每块环形钢板上不少于2孔,内丝孔,直径10 mm)安装压浆嘴,采用小型电动注浆泵压注环氧树脂,压注顺序自下而上,直至上部预留孔溢出树脂为止,并反复进行压注,注浆压力一般小于0.1 MPa。(图8.12、图8.13)

图8.12 环氧填充施工过程图

图8.13 环氧填充施工效果图

8.5 盾构隧道结构内钢圈加固足尺试验研究

浅埋条件下盾构隧道内钢圈加固的足尺试验,加载原则如下:

(1) P_1由0 kN分级加载至F_2。过程中维持$P_2=0.7P_1$、$P_3=(P_1+P_2)/2=0.85P_1$,P_1每级荷载增量为F_1的10%。

(2) P_1由F_2加载至F_1。该过程中仍然维持$P_2=0.7P_1$、$P_3=(P_1+P_2)/2=0.85P_1$,P_1每级荷载增量为F_1的5%。

(3) 继续加载P_1直到极限破坏状态。该过程中维持P_2不变,$P_3=(P_1+P_2)/2$,P_1每级荷载增量为F_1的5%。

其中:F_1为计算得到的P_1的设计荷载,F_2为计算得到的设计荷载P_1的80%,详细的加载分级见表8.1。

表 8.1 设计荷载情况下加载过程

荷载等级	P_1/kN	P_2/kN	P_3/kN
第 0 级	0	0	0
第 1 级	21	15	18
第 2 级	42	29	36
第 3 级	63	44	54
第 4 级	84	59	71
第 5 级	105	74	89
第 6 级	126	88	107
第 7 级	147	103	125
第 8 级	168	118	143
第 9 级	179	125	152
第 10 级	189	132	161
第 11 级	200	140	170
第 12 级	210	147	179
第 13 级	221	147	184
第 14 级	231	…	…

8.5.1 盾构隧道内钢圈加固足尺试验过程

足尺试验所用内钢圈(Q345)厚度为 20 mm,宽度为 900 mm。每环采用 6 块钢板固定在盾构隧道内侧,三环共计 18 块。钢板距管片上下边缘的距离均为 150 mm,如图 8.14 和图 8.15 所示。每环钢板打孔 108 个,每块钢板采用 6 个膨胀螺栓固定位置,除未安装螺栓的孔之外(接触到管片钢筋),其余位置的孔均安装了化学螺栓。

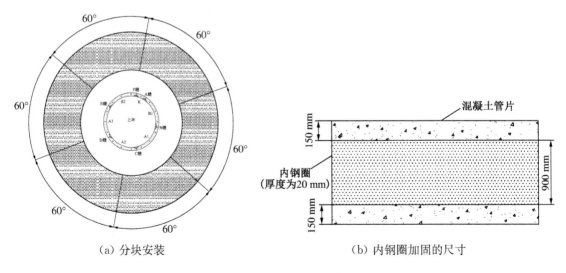

(a) 分块安装　　　　　　(b) 内钢圈加固的尺寸

图 8.14 内钢圈加固示意图

图 8.15　内钢圈加固试验

管片与内钢圈之间的黏结剂采用灌钢胶,如图 8.16 所示。

图 8.16　灌钢胶

产品规格为 30 kg/组,主剂 20 kg/桶,固化剂 10 kg/桶,配比为(质量)2∶1,胶体的性能参数如表 8.2 和表 8.3 所示。管片与钢板之间的缝隙最大为 20 mm,最小为 5 mm。灌钢胶采用从上往下的方式进行注入,注入前在钢板底部用快速水泥封住缝隙。

表 8.2　灌钢胶力学性能参数

材料名称	抗拉强度/MPa	抗压强度/MPa	抗弯强度/MPa	受拉弹性模量/MPa
灌钢胶	30	65	45	2500

表 8.3　灌钢胶黏结性能参数

材料名称	拉伸抗剪强度/MPa	与混凝土正拉黏结强度/MPa	90 d 湿热老化拉伸剪切强度下降率	常温操作时间
灌钢胶	15	2.5	≤12%	≥40 min

盾构隧道结构内钢圈加固足尺试验以中环为研究对象。除第 6 章介绍的变形等测试指标外,分别对 6 个纵缝测点的剥离量进行测试,测点的编号为 BK1～BK6,如图 8.17 所示。

测试仪器选用电子位移传感器,量程 100 mm,精度 0.01 mm。在管片表面上放置顶杆,另一侧钢板上用磁性支架固定位移计,位移计顶针用位移丝与钢棍连接。

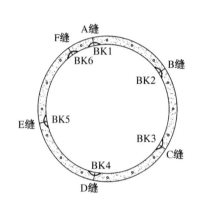

图 8.17　钢板与管片间剥离的测点布置图

内钢圈的应变测量拟采用箔式应变片,型号取为 BX120-15AA,标距为 15 mm。试验分别对钢板 4 个位置处的应变进行了测试,测点的编号为 G1～G4,如图 8.18 所示。

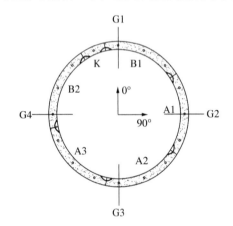

图 8.18　钢板应变的测点布置图

8.5.2　盾构隧道内钢圈加固足尺试验结果

1) 盾构隧道结构变形分析

(1) 未加固与钢板加固的变形对比

以中环为研究对象,试验分为设计荷载阶段及超载阶段,当 P_1 荷载超过 210 kN 时,盾构隧道结构进入超载阶段,中环收敛变形随荷载变化如图 8.19 所示。

由图 8.19 知,初始受力阶段隧道结构收敛变形随外部荷载近似呈线性增长,且同等荷载下内钢圈加固的横向收敛变形小于未加固的横向收敛变形。当外部荷载达到设计荷载 210 kN 时,内钢圈加固的横向收敛变形为 18.6 mm,未加固的横向收敛变形为 25 mm,说明设计荷载阶段未加固的收敛变形约为内钢圈加固的 1.35 倍,两者之间变形差异最大的截面

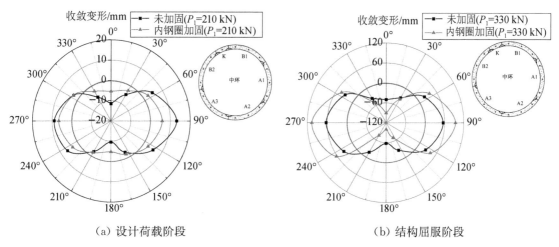

(a) 设计荷载阶段　　　　　　　　　　(b) 结构屈服阶段

图 8.19　不同荷载阶段下盾构隧道整环收敛变形图

位于 90°处,如图 8.19(a)所示。进入超载阶段,盾构隧道收敛变形随外部荷载的变化先线性、再非线性增长,当荷载 P_1 达到 300 kN 时,内钢圈加固的收敛变形开始大于未加固的收敛变形(内钢圈加固的管片是在初次加载后重新拼装的管片,因此刚度要低于首次加载的管片),说明在加载后期,钢板加固的效果随钢板与管片的剥离逐渐降低,此时内钢圈加固的横向收敛变形为 77 mm。当荷载 P_1 达到 330 kN 时,盾构隧道结构出现屈服,此时内钢圈加固的横向收敛变形为 202 mm,与未加固的最大横向收敛变形差增大至 82 mm,两者之间变形差异最大的截面位于 270°处,如图 8.19(b)所示。最终荷载 P_1 降低至 263 kN 时,盾构隧道横向收敛变形达到 320 mm,此时作为本试验盾构隧道的最终破坏状态。

(2) 相邻环在不同荷载阶段的变形对比

以上环和中环作为对比分析对象,图 8.20(a)为上环及中环在不同荷载阶段下的收敛变形曲线,图 8.20(b)为上环与中环在不同荷载阶段的变形对比图。

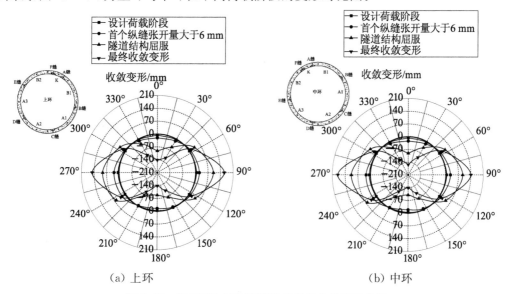

(a) 上环　　　　　　　　　　(b) 中环

图 8.20　相邻环在不同荷载阶段下的收敛变形曲线

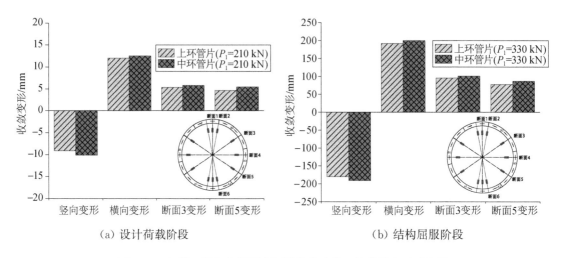

(a) 设计荷载阶段　　　　　　　(b) 结构屈服阶段

图 8.21　相邻环的各个断面在不同荷载阶段下的收敛变形对比图

由图 8.20 可知,上环和中环的最终收敛变形整体呈"横鸭蛋"形状,但局部存在差异,尤其在封顶块的位置表现得尤为明显,这是由于两环之间存在 22.5°的错缝拼装角度,相同角度位置的刚度存在差异,因此两环的收敛变形并不完全相同。从图 8.21 可知,试验数据表明,在设计荷载阶段及结构屈服阶段,中环在竖向、横向、断面 3 和断面 5 的收敛变形均大于上环。

2) 盾构隧道结构内力分析

(1) 未加固与加固的内力对比

以中环作为研究对象,试验分别对 16 个不同截面的内力进行了测试,测点布置如图 8.22 所示,其中 A1,A2,A3 代表整环的三个标准块,B1 和 B2 代表整环的两个邻接块,C 代表整环的封顶块。

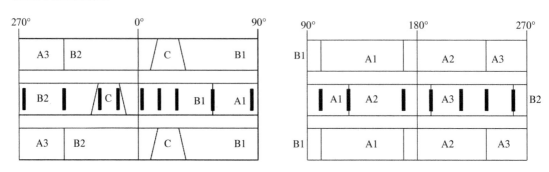

图 8.22　盾构隧道结构内力测试截面

假定运营工况下构件截面处于弹性阶段,故而由钢筋及混凝土应变计算截面的轴力 N 和弯矩 M 分别如式(8.1)和式(8.2)所示。

$$N = \varepsilon_s E_s \cdot A_s + \varepsilon'_s E_s \cdot A'_s + \frac{\varepsilon'_c + \varepsilon_c}{2} E_c \cdot bh \tag{8.1}$$

$$M = (\varepsilon'_s E_s \cdot A'_s - \varepsilon_s E_s \cdot A_s) \times (h/2 - c) + \frac{1}{12}(\varepsilon'_c - \varepsilon_c) E_c \cdot h^2 b \tag{8.2}$$

式中：ε_s、ε'_s——内外侧钢筋应变；

ε_c、ε'_c——内外侧混凝土应变；

E_s、E_c——钢筋及混凝土的弹性模量；

A_s、A'_s——内外侧钢筋横截面的面积；

h——管片厚度，取 350 mm；

b——管片宽度，取 1200 mm；

c——管片表面到钢筋中心的距离，内外侧均取 50 mm。

图 8.23 为中环管片的纵缝位置示意图。图 8.24 和图 8.25 为未加固与内钢圈加固的中环管片在不同荷载阶段下的内力变化曲线，弯矩以管片外侧受拉为正，内侧受拉为负；轴力以管片受压为正，受拉为负，后续同。

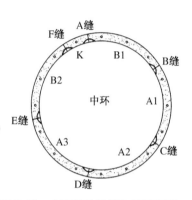

图 8.23 中环管片纵缝位置示意图

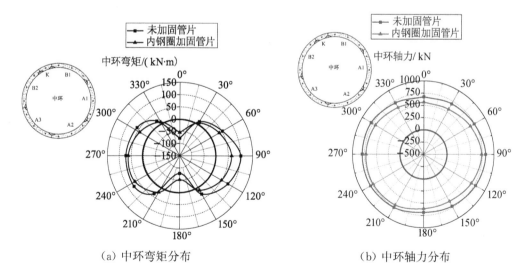

(a) 中环弯矩分布　　(b) 中环轴力分布

图 8.24 设计荷载阶段下内钢圈加固与未加固的内力对比图（$P_1 = 210$ kN）

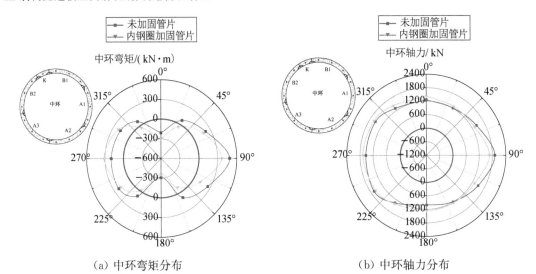

(a) 中环弯矩分布　　　　　　(b) 中环轴力分布

图 8.25　结构屈服阶段下内钢圈加固与未加固的内力对比图($P_1=330\ kN$)

在设计荷载阶段($P_1=210\ kN$),隧道结构环向内力分布较为均匀,未加固管片的弯矩及轴力均比内钢圈加固的大,说明在加载前期内钢圈分担了部分内力。在设计荷载阶段,未加固管片的最大弯矩为 $102\ kN\cdot m$(90°截面),最大轴力为 $820\ kN$(90°截面),内钢圈加固管片的最大弯矩为 $64\ kN\cdot m$(90°截面),最大轴力为 734(90°截面),内钢圈加固管片的最大弯矩约为未加固管片的 63%,最大轴力约为未加固管片的 90%。随着荷载增大,管片正弯矩及负弯矩的区域出现改变。在结构屈服阶段($P_1=330\ kN$),内钢圈加固管片的弯矩在 0°、180°及 270°截面的弯矩大于未加固管片的弯矩,在 90°截面的弯矩小于未加固管片的弯矩,说明在加载后期,管片与内钢圈的剥离改变了管片结构的内力分布。在结构屈服阶段,未加固管片的最大弯矩为 $489\ kN\cdot m$(90°截面),最大轴力为 $1\,913\ kN$(90°截面),内钢圈加固管片的最大弯矩为 $365\ kN\cdot m$(90°截面),最大轴力为 $1\,615\ kN$(90°截面),内钢圈加固管片的最大弯矩约为未加固管片的 75%,最大轴力约为未加固管片的 84%。

(2)相邻环在不同荷载阶段的内力对比

图 8.26 为上环管片及中环管片的接缝位置示意图。图 8.27 为内钢圈加固后的上环及中环管片在不同荷载阶段下的内力变化曲线,弯矩以管片外侧受拉为正,内侧受拉为负;轴力以管片受压为正,受拉为负。

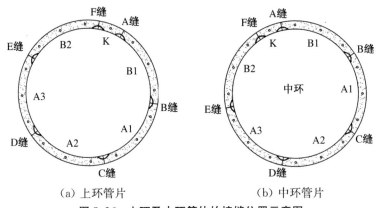

(a) 上环管片　　　　　　(b) 中环管片

图 8.26　上环及中环管片的接缝位置示意图

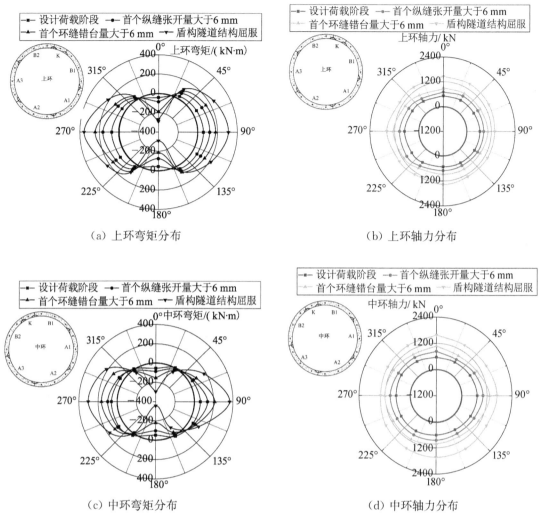

图 8.27　盾构隧道结构在不同阶段的内力变化曲线图

从图 8.27 可以看出,在设计荷载阶段,隧道结构环向内力分布较为均匀,随着荷载的增大,结构内力空间分布呈现出不均匀的特征,部分关键点位置处轴力、弯矩值相对较大。在隧道结构屈服阶段,上环弯矩和轴力的最大值位于 270°处,分别为 356 kN·m 和 1580 kN,中环的弯矩和轴力的最大值位于 90°处,分别为 365 kN·m 和 1672 kN;其中,上环管片在 0°～25°、155°～215°、325°～360°区域的内侧受拉,外侧受压,中环管片在 0°～40°、135°～215°、320°～360°区域的内侧受拉,外侧受压。说明错缝拼装形式下两环的拉压应力区分布并不相同。由于错缝拼装管片受接头位置及纵向约束等影响,同时上环和中环的钢板黏结性能有所差异,因此受力空间分布并不均匀。

图 8.28 为上环与中环在设计荷载阶段及结构屈服阶段的内力对比图。

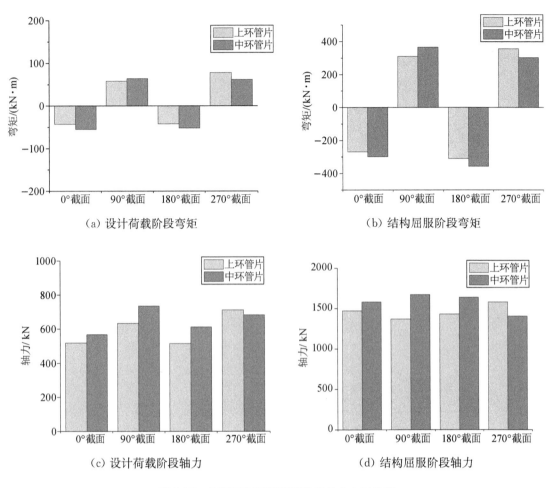

图 8.28 相邻环在不同荷载阶段的内力对比图

由图 8.28 可知,在设计荷载阶段,上环与中环在 0°、90°、180°、270°这 4 个位置处的弯矩差值分别为 −12 kN·m、6 kN·m、−10 kN·m、−16 kN·m。轴力差值分别为 49 kN、100 kN、97 kN、−30 kN。在结构屈服阶段,上环与中环在 0°、90°、180°、270°这 4 个位置处的弯矩差值分别为 −30 kN·m、55 kN·m、−47 kN·m、−54 kN·m,轴力差值分别为 110 kN、302 kN、207 kN、−175 kN,说明随着荷载的增大,相邻环间的内力差值也会相应增大。

3)盾构隧道密封垫接触压力分析

(1)外部荷载与密封垫接触压力的关系

浅埋盾构隧道底部的最大埋深约为 20 m,其静水压力为 0.2 MPa,由于弹性密封垫在设计年限内会受到老化的影响,因此防水压力设计值一般会在最大实际防水压力值的基础上乘以一个安全系数。根据《盾构法隧道防水技术规程》(DGT/J 08-50—2012)规定:设计水压应为实际承受最大水压的 2～3 倍,本书中安全系数取 3,故设计水压取 0.6 MPa。

橡胶密封垫受到一定的压力时,会在管片与密封垫间、两密封垫间的接触面产生接触压力,如图 8.29 所示,当接触压力与水压满足式(8.3),可以认为密封垫密封完好。

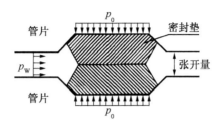

图 8.29　密封垫接触压力与设计水压的关系示意图

$$p_W < p_0 \tag{8.3}$$

式中,p_W 为设计水压,p_0 为密封垫接触压力。

图 8.30 为内钢圈加固的中环管片密封垫接触压力与外部荷载的关系曲线,由图可知,前期密封垫接触压力随荷载增加呈线性降低,当荷载超过设计荷载,密封垫接触压力随荷载增加呈非线性降低。当超载达到 58 kN 时,E 缝密封垫接触压力首先小于设计压力 0.6 MPa,此时对应 P_1 荷载大小为 268 kN,当超载达到 90 kN 时,E 缝的接触压力小于 0.2 MPa,此时对应 P_1 荷载大小为 300 kN。在最终破坏状态下,6 个密封垫接触压力均小于设计水压 0.6 MPa,出现的顺序依次为:E 缝→C 缝→D 缝→B 缝和 F 缝→A 缝,具体情形见表 8.4。表 8.5 为未加固管片的中环密封垫接触压力变化统计表,由表可知,未加固管片和采用内钢圈加固管片的密封垫首先小于设计水压的位置均在 E 缝,但密封垫出现防水失效的顺序并不一致。

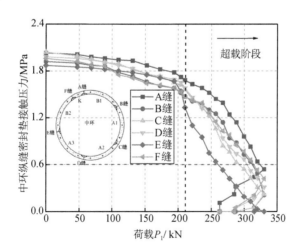

图 8.30　内钢圈加固管片的中环密封垫接触压力与外部荷载的关系曲线

表 8.4 内钢圈加固的中环密封垫接触压力变化统计表

小于设计水压 0.6 MPa 的位置	出现顺序	对应荷载 P_1/kN	对应密封垫接触压力/MPa
E 缝	1	268	0.53
C 缝	2	300	0.54
D 缝	3	309	0.52
B 缝和 F 缝	4	320	0.49 和 0.53
A 缝	5	330	0.54

表 8.5 未加固的中环密封垫接触压力变化统计表

小于设计水压 0.6 MPa 的位置	出现顺序	对应荷载 P_1/kN	对应密封垫接触压力/MPa
E 缝	1	235	0.56
C 缝	2	239	0.55
F 缝	3	243	0.54
B 缝	4	245	0.53

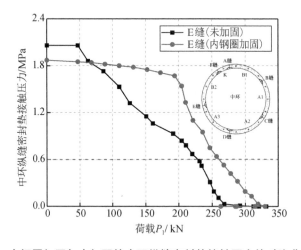

图 8.31 内钢圈加固与未加固的中环纵缝密封垫接触压力的对比曲线(E 缝)

图 8.31 为内钢圈加固与未加固的 E 缝密封垫接触压力的对比曲线,由图可知,相比未加固的管片,内钢圈加固的密封垫接触压力在设计荷载阶段降低较慢,在超载阶段则迅速降低。未加固的 E 缝密封垫接触压力小于 0.6 MPa 时对应的 P_1 荷载为 235 kN,而内钢圈加固的 E 缝密封垫接触压力小于 0.6 MPa 时对应的 P_1 荷载为 268 kN,相比前者增大了 33 kN,说明采用内钢圈加固能在一定程度上延缓密封垫发生防水失效。

(2) 结构变形与密封垫接触压力的关系

图 8.32 为内钢圈加固的中环管片密封垫接触压力与拱腰收敛变形的关系曲线,由图可知,密封垫接触压力在前期随变形增大呈线性降低,在后期随变形增大呈非线性降低。当收

敛变形达到 30 mm 时，E 缝密封垫的接触压力首先小于设计水压 0.6 MPa，当收敛变形达到 77 mm 时，E 缝密封垫的接触压力小于实际水压 0.2 MPa。当收敛变形达到 203 mm 时，所有接缝的密封垫接触压力均小于设计水压 0.6 MPa，具体情形见表 8.6 和表 8.7。由表可知，未加固管片和采用内钢圈加固管片的 E 缝密封垫小于设计水压的收敛变形均在 30 mm 左右。

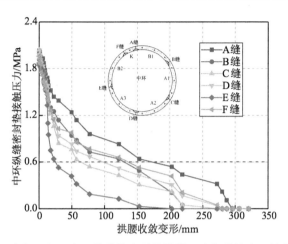

图 8.32　内钢圈加固中环管片的密封垫接触压力与结构变形的关系曲线

表 8.6　内钢圈加固的中环管片密封垫接触压力变化统计表

小于设计水压 0.6 MPa 的位置	出现顺序	对应拱腰收敛变形/mm	对应密封垫接触压力/MPa
E 缝	1	30	0.53
C 缝	2	77	0.54
D 缝	3	122	0.52
B 缝和 F 缝	4	153	0.49 和 0.53
A 缝	5	203	0.54

表 8.7　未加固的中环管片密封垫接触压力变化统计表

小于设计水压 0.6 MPa 的位置	出现顺序	对应拱腰收敛变形/mm	对应密封垫接触压力/MPa
E 缝	1	32	0.56
C 缝	2	45	0.54
F 缝	3	46	0.53
B 缝	4	47	0.48

图 8.33 为内钢圈加固与未加固的 E 缝密封垫接触压力的对比曲线，由图可知，在前期密封垫接触压力随收敛变形增大近似呈线性降低，在后期则随收敛变形增大呈非线性降低。当 E 缝的密封垫接触压力小于 0.6 MPa 时，内钢圈加固管片的收敛变形为 30 mm，未加固管片的收敛变形为 32 mm。当 E 缝的密封垫接触压力小于 0.2 MPa 时，内钢圈加固管片的收敛变形为 77 mm，未加固管片的收敛变形为 47 mm，此时内钢圈加固的收敛变形约为未加

固的收敛变形的1.6倍。

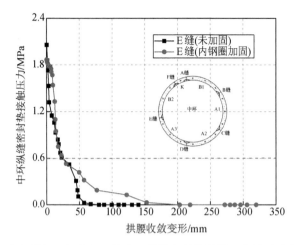

图8.33 内钢圈加固与未加固的中环纵缝密封垫接触压力的对比曲线(E缝)

4) 盾构隧道纵缝张开量分析

(1) 外部荷载与纵缝张开量的关系

将中环作为研究对象,试验分别对6个接缝的张开量进行了测试,纵缝的张开量取弹性密封垫处的张开量,如图8.34所示,纵缝张开量与外部荷载的变化曲线如图8.35所示。

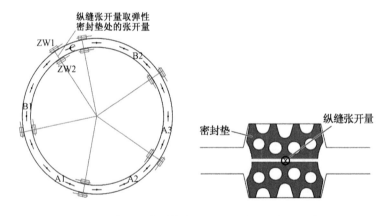

图8.34 盾构隧道纵缝编号及张开量取值方法示意图

由图8.35可知,前期中环各接缝张开量随荷载增大近似呈线性增加,当 P_1 达到设计荷载210 kN时,C缝的纵缝张开量最大,为3.4 mm。在超载阶段纵缝张开量先随荷载呈线性增加,后呈非线性增加,当荷载 P_1 达到278 kN时,E缝的纵缝张开量最先超过6 mm。在最终破坏状态下,E缝的纵缝张开量最大,为41.2 mm,最终各接缝张开量的大小排序为:E缝>C缝>D缝>B缝>F缝>A缝,具体情形如表8.8所示。表8.9为未加固的中环管片纵缝张开量与荷载关系统计表。由表可知,在设计荷载阶段,未加固管片的各个纵缝张开量均大于内钢圈加固管片的纵缝张开量,在最终破坏阶段内钢圈加固的E缝张开量增长了

38.4 mm，未加固的 E 缝张开量增长了 24.5 mm，由此可看出内钢圈加固的 E 缝最大张开量的增长量约为未加固的 1.6 倍。

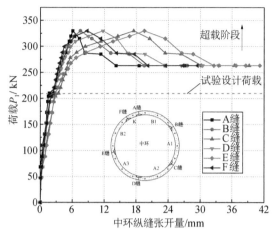

图 8.35 盾构隧道纵缝张开量与外部荷载的关系曲线

表 8.8 内钢圈加固的中环管片纵缝张开量统计表

接缝位置	设计荷载时张开量/mm	最终破坏状态时张开量/mm	增长量/mm
A 缝	1.7	27.3	25.6
B 缝	2.3	30.1	27.8
C 缝	3.4	39.2	35.8
D 缝	2.4	33.5	31.1
E 缝	2.8	41.2	38.4
F 缝	2.4	29.5	27.1

表 8.9 未加固的中环管片纵缝张开量与外部荷载关系统计表

接缝位置	设计荷载时张开量/mm	最终破坏状态时张开量/mm	增长量/mm
A 缝	1.8	4.8	3.0
B 缝	4.8	14.8	10.0
C 缝	5.4	24.5	19.1
D 缝	2.6	5.8	3.2
E 缝	5.2	29.7	24.5
F 缝	5.1	14.2	9.1

图 8.36 为内钢圈加固与未加固的 E 缝张开量对比曲线，由图可知，在加载前期，未加固管片的 E 缝张开量均大于内钢圈加固管片的张开量，当荷载达到 330 kN 后，内钢圈加固管片的纵缝张开量开始大于未加固管片的张开量。当 E 缝张开量达到 6 mm 时，内钢圈加固管片对应的荷载 P_1 为 268 kN，未加固管片对应的荷载 P_1 为 231 kN，相比后者减小了

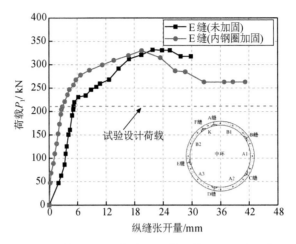

图 8.36 内钢圈加固与未加固的 E 缝张开量对比曲线

37 kN,说明采用内钢圈加固能在一定程度上减小盾构隧道的纵缝张开量。

（2）结构变形与纵缝张开量的关系

图 8.37 为中环管片纵缝张开量与拱腰收敛变形关系曲线,由图可知,纵缝的张开量均随收敛变形呈非线性增长,当收敛变形达到 32 mm 时,E 缝的张开量最先超过 6 mm,当收敛变形达到 200 mm 时,6 个接缝的张开量均超过了 6 mm。图 8.38 为未加固与内钢圈加固的 E 缝张开量对比曲线,由图可知,内钢圈加固的首个纵缝张开量大于 6 mm 的拱腰收敛变形为 30 mm,而未加固的对应首个纵缝张开量大于 6 mm 的拱腰收敛变形为 32 mm。

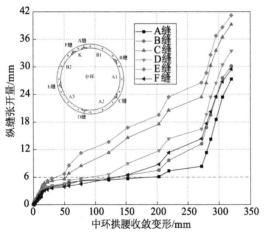

图 8.37 内钢圈加固中环管片的纵缝张开量与收敛变形的关系曲线

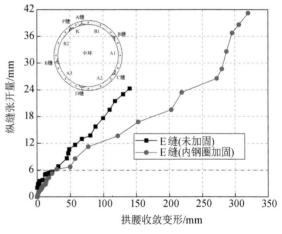

图 8.38 内钢圈加固与未加固的 E 缝张开量对比曲线

（3）密封垫接触压力与纵缝张开量的关系

图 8.39 为中环管片密封垫接触压力与纵缝张开量的关系曲线图,由图可知,密封垫接触压力随纵缝张开量增大呈非线性减小。当首个纵缝张开量超过 6 mm 时,此时对应接缝

(E缝)密封垫的接触压力为 0.42 MPa(设计水压为 0.6 MPa),当纵缝张开量达到 11.2 mm 时,密封垫接触压力为 0.19 MPa(实际水压为 0.2 MPa),在最终破坏状态下,6 个接缝密封垫的接触压力均降低至 0。由此说明中环首个纵缝张开量小于 6 mm 时对应的密封垫接触压力已经小于设计水压 0.6 MPa。

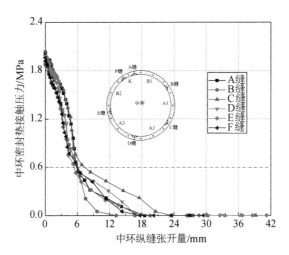

图 8.39 中环管片各纵缝的密封垫接触压力与张开量的关系曲线

5) 盾构隧道环缝径向错台分析

(1) 外部荷载与环缝径向错台之间的关系

以上环与中环的环缝径向错台作为分析对象,试验分别对 4 个位置的环缝径向错台量进行了测试,测点编号及邻近接缝的位置如图 8.40 所示,环缝径向错台量与外部荷载的关系曲线如图 8.41 所示,数值为正表示中环相对上环向外侧扩张,数值为负表示中环相对上环向内侧收缩。

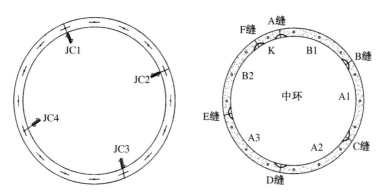

图 8.40 环缝径向错台量测点与邻近接缝的位置示意图

从图 8.41 可知,环缝径向错台量随外部荷载增大呈非线性增大,其中 JC2 和 JC4 为正,JC1 和 JC3 为负,说明中环的顶和底相对上环向内侧错动,拱腰相对上环向外侧错动。当 P_1 达到设计荷载 210 kN 时,JC2 的环缝径向错台量最大,为 3.2 mm,当 P_1 达到 288 kN 时,

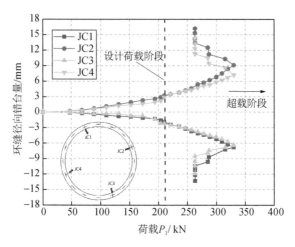

图 8.41 环缝径向错台量与外部荷载 P_1 的关系曲线

JC2 的环缝径向错台量首先大于 6 mm。在最终破坏状态下,JC2 的环缝径向错台量最大,为 16.2 mm,各环缝径向错台绝对值的大小顺序为:JC2＞JC4＞JC1＞JC3,具体情形如表 8.11 所示。

表 8.10 内钢圈加固管片的环缝径向错台量统计表

环缝径向错台测点编号	测点位置	设计荷载下径向错台量/mm	最终破坏状态下径向错台量/mm
JC1	K 块	−1.9	−13.3
JC2	A1 块	3.2	16.2
JC3	A2 块	−2.2	−11.9
JC4	A3 块	2.9	14.3

表 8.11 未加固管片的环缝径向错台量统计表

环缝径向错台测点编号	测点位置	设计荷载下径向错台量/mm	最终破坏状态下径向错台量/mm
JC1	K 块	4.6	11.4
JC2	A1 块	−1.4	−3.4
JC3	A2 块	−4.3	−10.4
JC4	A3 块	0.2	0.1

表 8.10 为未加固管片的环缝径向错台量统计表,对比表 8.10 和表 8.11 可知,在设计荷载阶段,未加固管片的最大环缝错台量为 4.6 mm,而内钢圈加固管片的最大环缝错台量为 3.2 mm,相比未加固管片减小了 1.4 mm,说明采用内钢圈加固管片能够降低环缝的径向错台量。在最终破坏阶段,未加固管片的最大环缝错台量为 11.4 mm,而内钢圈加固管片的最大环缝错台量为 16.2 mm。

(2)结构变形与环缝径向错台的关系

以中环作为研究对象,径向错台测点如图 8.42 所示,选取 4 个环缝径向错台测点进行分析,环缝径向错台量与结构变形的关系曲线如图8.43所示。

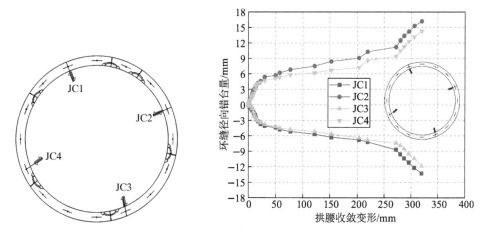

图8.42 环缝径向错台测点布置示意图　图8.43 拱腰收敛变形与环缝径向错台量的关系曲线

由图8.43可知,前期环缝错台量随拱腰收敛变形增加近似呈线性增大,当拱腰收敛变形超过30 mm时,环缝径向错台量的增大速率降低,当收敛变形超过270 mm时,增大速率开始增大。表8.12为不同荷载阶段下环缝错台量与拱腰收敛的比值,由此可知,在设计荷载阶段,环缝径向错台量与拱腰收敛变形的比值在10.3%~17.2%之间,在首个环缝错台量大于6 mm时,两者的比值降低为7.9%~10.2%,在盾构隧道结构屈服阶段,两者的比值降低为3.2%~4.5%。由此说明随着外部荷载增大,环缝错台量与拱腰收敛变形的比值会逐渐降低。

表8.12 环缝错台量与拱腰收敛的比值统计表

环缝径向错台测点编号	测点位置	设计荷载下与拱腰收敛变形比值	首个环缝错台量大于6 mm时的比值	结构屈服阶段与拱腰收敛变形比值
JC1	K块	10.3%	8.3%	3.3%
JC2	A1块	17.2%	10.2%	4.5%
JC3	A2块	11.8%	7.9%	3.2%
JC4	A3块	15.6%	9.2%	3.5%

6)内钢圈与管片间剥离的位移分析

(1)外部荷载与剥离量之间的关系

将中环作为研究对象,试验分别对6个纵缝处钢板与管片间的剥离量进行了测试,测点的编号为BK1~BK6,如图8.44所示,各个测点的剥离量与外部荷载的关系曲线如图8.45所示。

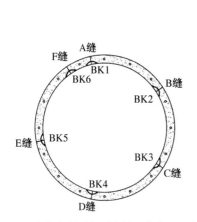 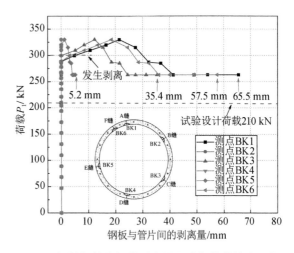

图 8.44 钢板与管片间剥离的测点布置示意图　　**图 8.45 钢板与管片间的剥离量和外部荷载的关系曲线**

由图 8.45 可知,当荷载 P_1 达到 300 kN 时,BK1(A 缝处)和 BK6(F 缝处)最先发生剥离,当荷载 P_1 达到 309 kN 时,BK3(C 缝处)发生剥离,当荷载 P_1 达到 330 kN 时,BK5(E 缝处)发生剥离。由此可知,钢板与管片间发生剥离的顺序为:BK1 和 BK6→BK3→BK5,且在加载过程中 BK2(B 缝处)和 BK4(D 缝处)并未产生剥离。当加载到最终阶段,测点 BK1 的剥离量为 65.5 mm,BK6 的剥离量为 57.5 mm,BK3 的剥离量为 35.5 mm,BK5 的剥离量为 5.2 mm,由此可知各个位置发生剥离量的大小顺序为:BK1>BK6>BK3>BK5。图 8.46 为卸载后钢板与管片间的剥离分布示意图,图 8.47 为试验现场的剥离情况,由图可知,管片和钢板间的剥离量集中在 305°~8°、110°~153°、245°~275°之间,且卸载后除了 BK5 的剥离量有所减小,其余位置均有不同程度的增加,如表 8.13 所示。

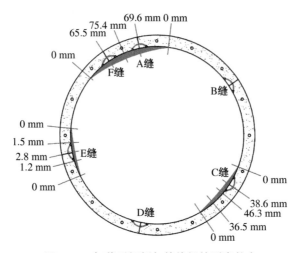

图 8.46 卸载后钢板与管片间的剥离状态

图 8.47　试验现场钢板剥离照片

表 8.13　钢板和管片间剥离量与荷载 P_1 之间的关系统计表

钢板与管片间的剥离测点编号	测点位置	发生剥离时对应的荷载 P_1/kN	加载过程中最大剥离量/mm	卸载后的剥离量/mm
BK1	A 缝	300	65.5	69.6
BK2	B 缝	—	—	—
BK3	C 缝	309	35.5	38.6
BK4	D 缝	—	—	—
BK5	E 缝	330	5.2	2.8
BK6	F 缝	300	57.5	65.5

(2) 结构变形与剥离量之间的关系

将中环作为研究对象,试验分别对 6 个纵缝处钢板与管片间的剥离量进行了测试,测点的编号为 BK1~BK6,各个测点的剥离量与拱腰收敛变形的关系曲线如图 8.48 所示。

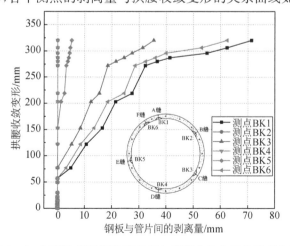

图 8.48　钢板和管片间的剥离量与拱腰收敛变形的关系曲线

由图 8.48 可知,当结构变形达到 77 mm 时,BK1(A 缝处)和 BK6(F 缝处)最先发生剥离,且剥离量随拱腰收敛变形呈非线性增长。当结构变形达到 122 mm 时,BK3(C 缝处)发生剥离,当结构变形达到 203 mm 时,BK5(E 缝处)发生剥离,如表 8.14 所示。由此可知,钢板与管片间最先出现剥离时对应的拱腰收敛变形为 77 mm,且位置位于封顶块附近。

表 8.14 钢板与管片间剥离量和拱腰收敛变形的关系统计表

钢板与管片间的剥离测点编号	测点位置	发生剥离时对应的收敛变形/mm
BK1	A 缝	77
BK2	B 缝	—
BK3	C 缝	122
BK4	D 缝	—
BK5	E 缝	203
BK6	F 缝	77

7) 内钢圈受力分析

(1) 外部荷载与内钢圈应变的关系

将中环作为研究对象,试验分别对钢板 4 个位置处的应变进行了测试,测点的编号为 G1~G4,如图 8.49 所示,各个测点的应变与外部荷载的变化曲线如图 8.50 所示,应变以受拉为正、受压为负。

由图 8.50 可知,在前期 4 个位置处的应变均随外部荷载增大呈非线性增大,当荷载超过 288 kN 时(钢板发生剥离的时刻),0°和 270°位置处的应变开始减小,而另外两个角度的应变一直增大,在最终状态下,180°位置处的应变为最大,为 1 578 $\mu\varepsilon$,如表 8.15 所示。

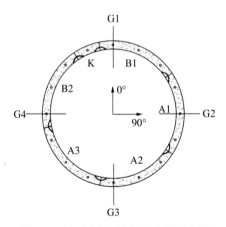

图 8.49 钢板应变的测点布置示意图

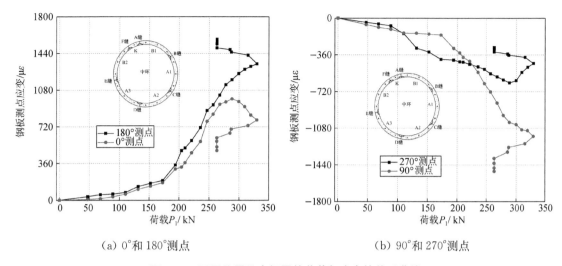

(a) 0°和180°测点　　　　　　(b) 90°和270°测点

图 8.50　不同位置处内钢圈的荷载与应变的关系曲线

表 8.15　钢板应变测点统计表

钢板与管片间的剥离测点编号	测点位置	加载过程中的最大应变/με	最终状态下的应变/με
G1	0°	993	487
G2	90°	−1 502	−1 502
G3	180°	1 578	1 578
G4	270°	−634	−287

（2）结构变形与内钢圈应变的关系

将中环作为研究对象,试验分别对钢板 4 个位置处的应变进行了测试,测点的编号为 G1~G4,各个测点的应变与结构变形的关系曲线如图 8.51 所示。

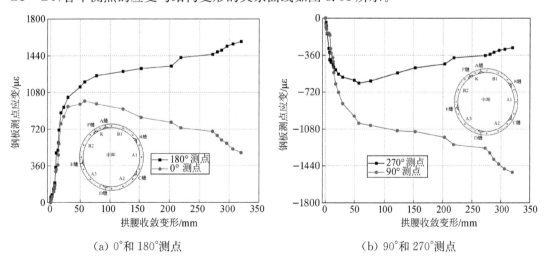

(a) 0°和180°测点　　　　　　(b) 90°和270°测点

图 8.51　不同位置处内钢圈的结构变形与应变的关系曲线

由图 8.51 可知,在前期 4 个位置处的应变均随结构变形增大呈非线性增大,当结构变形超过 57 mm 时,0°和 270°位置处的应变开始减小,而另外两个角度的应变一直增大,在最终状态下,180°位置处的应变为最大,为 1578 $\mu\varepsilon$,如表 8.16 所示。

表 8.16 内钢圈应变测点统计表

钢板与管片间的剥离测点编号	测点位置	加载过程中最大应变对应的变形/mm	最终状态下的应变/$\mu\varepsilon$
G1	0°	57	487
G2	90°	320	−1502
G3	180°	320	1578
G4	270°	57	−287

8) 管片裂缝分析

(1) 外部荷载与外弧面裂缝分布的关系

以中环作为研究对象,外部荷载与裂缝分布如图 8.52 所示。

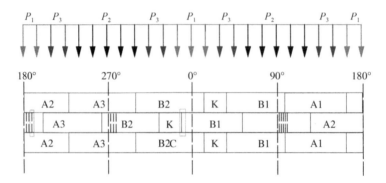

图 8.52 管片外弧面裂缝展开图

从图 8.52 可知,中环管片外弧面的裂缝集中在 P_1 和 P_2 荷载范围内。最终状态下中环外弧面裂缝主要集中在 90°~110°(5 条)、180°~200°(3 条)、270°~290°(3 条)之间,共有 11 条裂缝。同时,在外弧面的 190°~200°及 310°~340°之间存在严重的掉块现象,具体情形如图 8.53 所示。

(a) 270°~290°

(b) 90°~110°

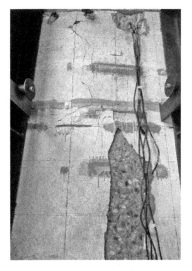 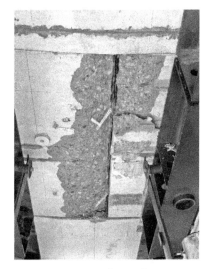

(c) 180°～200°　　　　　　　　(d) 310°～340°

图 8.53　试验中环管片外弧面裂缝及掉块照片

表 8.17　裂缝宽度统计表

裂缝所在角度范围/(°)	裂缝数量/条	最大裂缝宽度/mm
270～290	3	1.2,1.7,2.4.
90～110	5	0.5,1.4,4.3,8.5,6.5
180～200	3	0.4,0.3,0.3

由表 8.17 可知,270°～290°区域内的最大裂缝宽度为 2.4 mm,180°～200°区域内的最大裂缝宽度为 0.4 mm,90°～110°区域内的最大裂缝宽度为 8.5 mm。说明在错缝拼装条件下,地铁盾构管片外弧面出现的最大裂缝宽度位于拱腰 90°区域附近。

(2) 未加固与内钢圈加固的外弧面裂缝分布对比

以中环作为分析对象,对比未加固与采用内钢圈加固后的裂缝分布情况,如图 8.54 所示,其中(a)为未加固的外弧面裂缝示意线,(b)为内钢圈加固后的外弧面裂缝示意线。

(a) 未加固管片

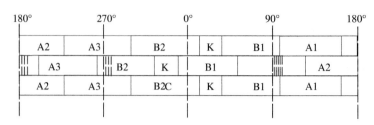

(b)内钢圈加固管片

图 8.54　未加固与内钢圈加固的外弧面裂缝分布对比示意图

从图 8.54 可知,未加固与内钢圈加固的裂缝分布区域基本相近,在拱腰及拱底区域均出现了贯通裂缝。虽然内钢圈加固的管片在拱顶附近未出现裂缝,但在封顶块的接头部位出现了明显的掉块现象。

表 8.18　未加固与内钢圈加固的中环管片裂缝分布对比表

工况	外弧面裂缝分布区域	外弧面裂缝数量/条	外弧面掉块区域
未加固	255°～270° 180°～205° 88°～105° 315°～335°	14	88°～105°
内钢圈加固	270°～290° 90°～110° 180°～200°	11	190°～200° 310°～340°

从表 8.18 可知,卸载后内钢圈加固管片的外弧面裂缝条数比未加固管片的多,两者出现掉块的区域也并不一致,说明管片外弧面裂缝分布的角度及掉块区域受加固的影响较大。

附录 改进的 CDM-XFEM 主要程序代码

本书中采用的 CDM-XFEM 裂缝计算方法属于 Abaqus 软件的用户自定义扩展模块,编写相应的用户单元子程序 UEL(User Element)。计算流程总体分为以下 3 个部分:

(1) 计算八节点六面体单元的应力及损伤因子,以 0.7 作为临界损伤标准,判定模型是否达到能量转化条件。

(2) 求解能量转化的临界位移,计算牵引-分离函数的系数,确定裂缝张开量。

(3) 基于主应力确定裂缝的发展方向,即裂缝的发展方向垂直于最大主应力方向,更新裂缝尖端及裂缝面的水平集函数。

以下为 CDM-XFEM 裂缝计算方法的主要程序代码:

```fortran
1.      SUBROUTINE F(M,N,X,D,f1con,f2con,f3con)
2.      DIMENSION X(N),D(M)
3.      DOUBLE PRECISION X,D
4.      f1con= - 0.141 683D+ 01
5.      f2con= - 0.388 292D+ 02
6.      f3con= 0.278 097D+ 07
7.      D(1)= (X(1)- X(1)* exp(- X(2)* X(3)))/X(2)+ f1con
8.      D(2)= (X(1)* exp(- X(2)* X(3)))/X(2)+ f2con
9.      D(3)= f3con- X(1)* exp(- X(2)* X(3))
10.     D(4)= 2* X(1)- X(2)+ f1con
11.     D(5)= 5* X(1)+ 3* X(2)+ 2* X(3)+ f2con
12.     D(6)= 3* X(1)+ X(3)+ f3con
13.     D(7)= X(1)* * 2+ 2* X(1)+ f1con
14.     D(8)= X(1)+ 3* X(3)+ f2con
```

```
15.        D(9)= X(2)* X(3)+ f3con
16.        WRITE(* ,211) D(1),D(2),D(3)
17.      FORMAT(1X,'D(1)= ',D13.6,3X,'D(2)= ',D13.6,3X,'D(3)= ',D13.6
18.        WRITE(* ,212) f1con,f2con,f3con
19.      FORMAT(1X,'f1con= ',D13.6,3X,'f2con= ',D13.6,3X,'f3con= ',D13.6
20.        RETURN
21.        END
22.        SUBROUTINE FJ(M,N,X,P)
23.        DIMENSION X(N),P(M,N)
24.        DOUBLE PRECISION X,P
25.        P(1,1)= (1- exp(- X(2)* X(3)))/X(2)
26.        P(1,2)= (X(1)* exp(- X(2)* X(3))* (X(2)* X(3)+ 1)- X(1))/X(2)
         * * 2
27.        P(1,3)= X(1)* exp(- X(2)* X(3))
28.        P(2,1)= exp(- X(2)* X(3))/X(2)
29.        P(2,2)= (- X(1)* exp(- X(2)* X(3))* (X(2)* X(3)+ 1))/X(2)* * 2
30.        P(2,3)= - X(1)* exp(- X(2)* X(3))
31.        P(3,1)= - X(1)* exp(- X(2)* X(3))
32.        P(3,2)= X(1)* X(3)* exp(- X(2)* X(3))
33.        P(3,3)= X(1)* X(2)* exp(- X(2)* X(3))
34.        P(1,1)= 2
35.        P(1,2)= - 1
36.        P(1,3)= 0
37.        P(2,1)= 5
38.        P(2,2)= 3
39.        P(2,3)= 2
40.        P(3,1)= 3
41.        P(3,2)= 0
42.        P(3,3)= 1
43.        P(1,1)= 2* X(1)+ 2
44.        P(1,2)= 0
45.        P(1,3)= 0
```

```
46.      P(2,1)= 1
47.      P(2,2)= 0
48.      P(2,3)= 3
49.      P(3,1)= 0
50.      P(3,2)= X(3)
51.      P(3,3)= X(2)
52.      RETURN
53.      END
54.
55.      SUBROUTINE AGMIV(M,N,A,B,AA,X,L,EPS,U,V,KA,S,E,WORK)
56.      DIMENSION A(M,N),U(M,M),V(N,N),B(M),AA(N,M),X(N)
57.      DIMENSION S(KA),E(KA),WORK(KA)
58.      DOUBLE PRECISION A,U,V,B,AA,X,S,E,WORK
59.      CALL BMUAV(A,M,N,U,V,L,EPS,KA,S,E,WORK)
60.      IF (L.EQ.0) THEN
61.        K= 1
62.        IF (A(K,K).NE.0.0) THEN
63.          K= K+ 1
64.          IF (K.LE.MIN(M,N)) GOTO 10
65.        END IF
66.      K= K- 1
67.      IF (K.NE.0) THEN
68.        DO 40 I= 1,N
69.        DO 40 J= 1,M
70.          AA(I,J)= 0.0
71.          DO 30 II= 1,K
72.          AA(I,J)= AA(I,J)+ V(II,I)* U(J,II)/A(II,II)
73.          CONTINUE
74.      END IF
75.      DO 80 I= 1,N
76.        X(I)= 0.0
77.        DO 70 J= 1,M
```

```
78.         X(I)= X(I)+ AA(I,J)* B(J)
79.      CONTINUE
80.    END IF
81.    RETURN
82.    END
83.
84. SUBROUTINE BMUAV(A,M,N,U,V,L,EPS,KA,S,E,WORK)
85.    DIMENSION A(M,N),U(M,M),V(N,N),S(KA),E(KA),WORK(KA)
86.    DOUBLE PRECISION A,U,V,S,E,D,WORK,DD,F,G,CS,SN,
87.   * SHH,SK,EK,B,C,SM,SM1,EM1
88.    IT= 60
89.    K= N
90.    IF (M- 1.LT.N) K= M- 1
91.    L= M
92.    IF (N- 2.LT.M) L= N- 2
93.    IF (L.LT.0) L= 0
94.    LL= K
95.    IF (L.GT.K) LL= L
96.    IF (LL.GE.1) THEN
97.       DO 150 KK= 1,LL
98.        IF (KK.LE.K) THEN
99.           D= 0.0
100.          DO 10 I= KK,M
101.          D= D+ A(I,KK)* A(I,KK)
102.          S(KK)= SQRT(D)
103.          IF (S(KK).NE.0.0) THEN
104.             IF (A(KK,KK).NE.0.0) S(KK)= SIGN(S(KK),A(KK,KK))
105.             DO 20 I= KK,M
106.             A(I,KK)= A(I,KK)/S(KK)
107.             A(KK,KK)= 1.0+ A(KK,KK)
108.          END IF
109.          S(KK)= - S(KK)
```

```
110.        END IF
111.        IF (N.GE.KK+ 1) THEN
112.          DO 50 J= KK+ 1,N
113.            IF ((KK.LE.K).AND.(S(KK).NE.0.0)) THEN
114.              D= 0.0
115.              DO 30 I= KK,M
116.              D= D+ A(I,KK)* A(I,J)
117.              D= - D/A(KK,KK)
118.              DO 40 I= KK,M
119.              A(I,J)= A(I,J)+ D* A(I,KK)
120.            END IF
121.            E(J)= A(KK,J)
122.          CONTINUE
123.        END IF
124.   RETURN
125.        END
```